미사의 영성

미사의 영성 (개정판)

초판 발행일 1996. 10. 30
2판 3쇄 2022. 10. 18

글쓴이 심흥보
펴낸이 서영주
총편집 황인수
편집 김지영 **디자인** 박지현
제작 김안순 **마케팅** 서영주 **인쇄** 세진디피에스

펴낸곳 성바오로
출판등록 7-93호 1992. 10. 6
주소 서울특별시 강북구 오현로7길 20(미아동)
취급처 성바오로보급소 **전화** 944-8300, 986-1361
팩스 986-1365 **통신판매** 945-2972
E-mail bookclub@paolo.net
인터넷 서점 www.**paolo**.kr
www.facebook.com/**stpaulskr**

값 14,000원
ISBN 978-89-8015-781-5
교회인가 1996. 7. 31 **SSP** 935

ⓒ 심흥보, 2011

성경 ⓒ 한국천주교중앙협의회, 2021.

이 도서의 국립중앙도서관 출판시도서목록(CIP)은 서지정보유통지원시스템 홈페이지(http://seoji.nl.go.kr)와 국가자료공동목록시스템(http://www.nl.go.kr/kolisnet)에서 이용하실 수 있습니다. (CIP제어번호 : CIP2011004336)

이 책은 저작권법의 보호를 받으므로 무단전재와 무단복제를 금합니다.
이 책 내용의 전부 또는 일부를 재사용하려면 반드시 저작권자와 성바오로출판사의 동의를 얻어야 합니다.

미사통상문 해설

미사의 영성

심흥보 신부 글

성바오로

도움의 말

"어릴 때부터 큰 이모님 손잡고 매일 아침 미사를 나오시더니 성소를 받으셨군요." 하신 유치원 때 원장 수녀님의 말처럼, 지금까지 자라 오면서 냉담기를 제외하곤 생애의 거의 많은 시간 동안 매일 미사를 드렸던 것 같다. 유치원 때와 초등학교 시절, 그 추웠던 중림동 성당에서 미사에 참례하고 복사를 서면서 배웠던 성가들이, 그 경건하고 거룩했던 분위기와 함께 홀로 성당에 앉아 주님께 찬미의 기도를 드릴 때나 신자들과 함께 성가를 부를 때 지금의 성가로 다시 들려오곤 한다.

비신자 집안에서 태어나 어린 시절부터 지금까지 성당에, 그것도 거의 매일 미사에 참례하러 오곤 했던 내 모습을 돌이켜 볼라치면, 하느님께서는 끔찍이도 나를 사랑해 주셨고 꾸준히 당신의 품 안으로 이끌어 주셨다는 것을 부정할 수 없으리만큼 뼈저리게 느끼게 된다.

지난 세월 동안 무엇이 그렇게도 나를 미사로 이끌었는지… 어린 나이에 어떤 이유로 그렇게 계속 미사에 참례했는지 신비스럽기까지 하다. 어떤 매력이 있었는가? 어린 나에게 주님은 어떻게 임하셨는가? 부끄러운 이야기가 될지도 모르지만, 주일 9시 어린이 미사에 참례하지 않고 '타잔'이라는 TV 프로그램을 보다가도 10시 미사의 영성체 시간에 맞춰서 부지런히 뛰어 성당 맨 뒤에 살짝 숨어들어 성체를 영하고 올 정도로, 주님으로부터 떨어지거나 거부하지 않았던 어린 시절이었다. 그리고 성당 친구들과 함께 동아리 활동을 하며 매일 미사 안에서 보호를 받았던 중고생 시절도 나에겐 너무나 소중하다. 그렇게 성장했던 시간들이 지금의 내 신앙을 지탱해 주고 있다. 주일 학교 교사를 할 때는 '하느님이 세상을 만드셨다.'는 창조 교리를 어린아이들 앞에서 가르치기 멋쩍어하면서도, '하느님은 우리의 모든 것을 다 알고 계신다.'는 초등학교 1학년 8과의 교리만은 힘주어 말하곤 했다. 그리고 방학 때만 되면 매일 미사에 나오도록 아이들을 독려했을 정도로 미사는 내 생애의 일부나 다름없다. 아니, 미사는 나도 모르는 사이에 나를 지탱해 주고 살게 해 주었던 생명의 양식이다.

  그러다가 신학생 때 미사 전례의 생성 과정과 그 신학적 의미에 대해 배웠다. 그런데 한편으로 장난기 어린 의구심이 피어오르곤 했다. 이를테면 아침 일찍 일어나 성당에서 미사에 참례하여 "전능하신 하느님과 형제들에게 고백하오니 생각과 말과 행위로 죄를 많이 지었으며 자주 의무를 소홀히 하였나이다." 하면서 "제 탓이오, 제 탓이오, 저의 큰 탓이옵니다." 하고 가슴을 칠 때마다, '고해성사도 규칙적으로 다 보았고, 어젯밤에 잘 때 끝기도도 다 바쳤는데 아침에 무슨 죄를 또 고백해야 하나?' 하는 생각이었다. 우습고 어처구니없기도 하지만, 이런 생각을 하면서 과연 미사의 각 부분이 우리에게 어떤 의미가 있는지 찾기 시작했다. 그리고 이제야, 아니 아직도 이르지만 미사의 각 부분을 통해 교회가 우리에게 알려 주는 주님 희생 제사의 의미를 성경, 즉 인간의 생로병사와 희로애락과 그 생애를 주시고 함께하시는 하느님께 대한 신앙 안에서 찾아보고자 이 글을 쓰게 되었다.

이 책을 형제자매들과 함께 나누려면 우선 미사의 각 부분에 해당하는 주제와 본문을 읽고, '느낌'을 통해 사람들의 반응을 들으며, 자신은 어떤지 '나는'이란 항목에서 서로 발표하면서 생각을 주고받을 수 있다. 그리고 '말씀'에서 미사 전례의 기도문에 해당되는 성경 구절을 읽고 묵상한 다음, '새김'을 통해 복음의 해설을 읽고 각자 정리 시간을 잠시 가진 후, '응답'에서 서로의 회개를 위한 은총의 시간을 가지면서 새 생활의 방향과 실천 약속을 하게 된다.

한편, 이 책으로 구역·반 모임에서 복음 나누기 7단계를 하려면, 각 과의 '말씀'을 가지고 5단계까지 하고 6단계 첫 부분에서 '새김'

을 읽으며 공부한 후에 '응답'을 참조하여 실천 약속을 할 수 있다.

어찌 보면 미사에는 주님의 생애가 요약되어 있고, 천주교 신앙이 함축돼 있으며, 전례적인 배열과 내용 면에서 교리 교과서와도 같다. 그래서 매일 미사에 참례하다 보면, 마치 영신 수련을 받고 있는 듯하다. 때문에 매일 미사에 참례하도록 권하고 싶다. 자기도 모르는 새에 주님과 가까워져 있으며, 하느님 나라를 비유하신 주님의 다음 말씀이 이루어진다는 것을 느낄 수 있기 때문이다. "하느님의 나라는 이와 같다. 어떤 사람이 땅에 씨를 뿌려 놓으면, 밤에 자고 낮에 일어나고 하는 사이에 씨는 싹이 터서 자라는데, 그 사람은 어떻게 그리되는지 모른다."(마르 4,26-27) 미사가 신앙생활의 정점이요 원천이라는 공의회의 가르침을 체험적으로 깨닫고 살게 되기를 바란다(거룩한 전례에 관한 헌장 「거룩한 공의회」 10항 참조). 이 작은 시도가 미사에 참례하는 분들께 조그마한 도움이라도 되었으면 좋겠다. 그리고 보다 더 깊은 신앙 안에서 미사를 관조할 수 있기를 기대하며 겸손하게 주님께 봉헌한다.

아울러 이 책을 본당의 성소 모임인 '등대' 회원들에게 바친다. 그들이 훗날 교회와 하느님 백성을 위해 봉사할 때 더욱더 깊은 신앙 안에서 주님을 증언할 수 있게 되기를 바라면서…. 그리고 끊임없는 관심과 애정으로 꼼꼼하게 이 글에 대한 교정과 조언을 아끼지 않았던 수녀님과 사목협의회원들, 소공동체 지도자들, 이 방송 원고를 책으로 만들어 주신 성바오로출판사 사장님과 직원 모두에게 감사드린다. 또한 평화방송 시청자 여러분께도 감사드린다.

마지막으로 1996년에 발간되었던 이 책의 개정 작업에 참여해 주신 황태현·라병국·김귀웅·홍상표 신부님, 강 티모테아·심 가타리나 수녀님, 삼성동 본당 식구들, 개정을 허락해 주신 성바오로출판사 서 티토·황 이냐시오 수사님과 임직원 여러분께 다시 한 번 감사드린다.

천주 강생 2011년 7월 15일
성 보나벤투라 주교 학자 기념일에
서울 삼성동 성당에서
심흥보 베드로

차례

도움의 말 _ 5

머리말 _ 13

01. 성부와 성자와 성령의 이름으로 _ 27
02. 주님, 자비를 베푸소서 _ 36
03. 하느님께 영광, 사람들에게 평화 _ 46
04. 성경 말씀이 너희가 듣는 가운데에서 이루어졌다 _ 55
05. 빵을 바치오니 생명의 양식이 되게 _ 67
06. 감사기도 _ 76
07. 너희는 모두 이것을 받아먹어라 _ 89
08. 너희는 모두 이것을 받아 마셔라 _ 101

09. 나를 기억하여 이를 행하여라 _ 112

10. 주님께서 오실 때까지 _ 119

11. 하늘에 계신 우리 아버지 _ 128

12. 저희를 구하소서 _ 144

13. 주님의 평화가 항상 여러분과 함께 _ 157

14. 하느님의 어린양 _ 165

15. 한 말씀만 하소서. 제가 곧 나으리이다 _ 175

16. 주님과 함께 가서 복음을 전합시다 _ 183

부록 1 미사통상문 _ 195

부록 2 성경 찾아보기 _ 223

 머리말

빵을 떼어 주시자
예수님을 알아보았는데

미사

"미사 거행은 그리스도의 행위이며 교계 질서를 갖춘 하느님 백성의 행위로서 세계 교회와 지역 교회 그리고 신자 각자에게 그리스도교 삶 전체의 중심이다. 실제로 미사에서 하느님께서 그리스도 안에서 이 세상을 거룩하게 하시는 행위가 절정에 이르며, 사람들이 성자 그리스도를 통하여 성령 안에서 아버지를 흠숭하고 그분께 바치는 예배가 절정에 이른다. 나아가 미사 안에서, 교회는 구원의 신비들을 한 해 주기로 기념하면서 그 신비를 나름대로 재현한다. 그 밖의 다른 거룩한 행위와 그리스도교 삶에서 이루어지는 모든 활동은 미사와 밀접한 관계를 맺으며 미사에서 흘러나오고 미사를 향해 간다. 그러므로 미사, 곧 주님의 만찬 거행은 거룩한 교역자들과 신자들이 각자의 고유한 신분에 따라 참여하면서 더욱 풍성한 결실을 얻을 수 있도록 조정되어야 한다. 이 때문에 주 그리스도께서는 당신의 몸과 피의 감사 제사를 제정하시어, 사랑하는 신부인 교회에 당신의 죽음과 부활의 기념제로 맡기셨다."(「미사 경본 총지침」, 16-17항, 한국 천주교 주교회의, 2009)

느낌

어떤 사람들은 미사에 대해 이렇게 말합니다.

"미사는 신부님이 드리는 것 아닌가요?"

"신부님이 미사를 드릴 때 난 뭘 해야 하는지 잘 모르겠어요. 그냥 가만히 서 있으면 되는 것인지, 아니면 묵주 기도라도 해야 하는 것인지…."

"미사가 십자가상 제사와 부활의 사건이라고 하는데 구체적으로 언제 주님이 죽으시고 부활하시는 건가요?"

"미사와 내가 세상을 사는 것은 어떻게 관계를 맺을 수 있나요?"

"미사는 주일에만 드리면 되는 것 아닌가요? 그리고 주님께서 일주일에 한 번 쉬는 우리를 꼭 미사에만 잡아 두실까요? 때에 따라서는 부모님도 찾아뵈어야 하고, 결혼식도 가야 되고…. 정말 경우에 따라서는 쉬는 날 아무것도 안 하고 푹 쉬거나 놀기도 해야 하지 않을까요?"

또 어떤 사람들은 이렇게도 말합니다.

"미사를 드리지 않으면 하루가 찌뿌드드해요."

"미사에만 가면 편안해요!"

"처음엔 몰랐는데 계속 미사에 참례하다 보니까 뭔지 모르게 내 삶이 변하는 것 같고, 뭐라고 콕 집어 설명할 수는 없지만… 어쨌든 좋아요. 그냥 좋은 것 말고요, 확실히 달라졌어요."

"미사에 참례하면 주님이 우리를 사랑하신다는 느낌이 들어요!"

"확실히 그렇다고 말할 수는 없지만 주님을 실제로 본 것 같아요. 거양 성체 때 성체 안에 앉아 계신 주님이 겹쳐 보여요. 옛날에 어른들이 자꾸 그래서 왜 그러시나 했는데 이젠 저도 보여요. 나이가 들면 보이나 봐요!"

"미사에 참례하고 나면 어떻게 살아야 하는지 알게 돼요."

"미사에 참례하면 예수님께 희망을 두게 되고 힘이 생겨요."

"미사 참례하는 힘으로 사는 것 같아요!"

나는

- 미사에 정기적으로 참례합니까?
- 왜 미사에 참례합니까?
- 미사에 참례하는 것이 생활에 어떤 영향을 끼치거나 변화를 가져옵니까?

말씀

엠마오로 가는 두 제자에게 나타나시다 (루카 24,13-35)

[24장]

¹³ 바로 그날 제자들 가운데 두 사람이 예루살렘에서 예순 스타디온 떨어진 엠마오라는 마을로 가고 있었다. ¹⁴ 그들은 **그동안 일어난 모든 일에 관하여** 서로 이야기하였다. ¹⁵ 그렇게 이야기하고 토론하는데, 바로 예수님께서 가까이 가시어 그들과 함께 걸으셨다. ¹⁶ 그들은 눈이 가리어 그분을 알아보지 못하였다. ¹⁷ 예수님께서 그들에게 "걸어가면서 무슨 말을 서로 주고받느냐?" 하고 물으시자, 그들은 침통한 표정을 한 채 멈추어 섰다. ¹⁸ 그들 가운데 한 사람, 클레오파스라는 이가 예수님께, "예루살렘에 머물렀으면서 이 며칠 동안 그곳에서 일어난 일을 혼자만 모른다는 말입니까?" 하고 말하였다. ¹⁹ 예수님께서 "무슨 일이냐?" 하시자 그들이 그분께 말하였다. "나자렛 사람 예수님에 **관한** 일입니다. 그분은 하느님과 온 백성 앞에서, 행동과 말씀에 힘이 있는 **예언자셨습니다.** ²⁰ **그런데 우리의 수석 사제들과 지도자들이** 그분을 넘겨, 사형 선고를 받아 십자가에 못 박히시게 하였습니다. ²¹ **우리는** 그분이야말로 이스라엘을 해방하실 분이라고 기대하였습니다. 그 **일이 일어난 지도 벌써** 사흘째가 **됩니다.** ²² 그런데 우리 가운데 몇몇 여자가 우리를 깜짝 놀라게 하였습니다. 그들이 새벽에 무덤으로 갔다가, ²³ 그분의 시신을 찾지 못하고 돌아와서 하는 말이, 천사들의 발현까지 보았는데 그분께서 살아

계시다고 천사들이 일러 주더랍니다. ²⁴ **그래서 우리 동료 몇 사람이 무덤에 가서 보니 그 여자들이 말한 그대로였고, 그분은 보지 못하였습니다.**"

²⁵ 그때에 예수님께서 그들에게 이르셨다. "아, 어리석은 자들아! 예언자들이 말한 모든 것을 믿는 데에 마음이 어찌 이리 굼뜨냐? ²⁶ 그리스도는 그러한 고난을 겪고서 자기의 영광 속에 들어가야 하는 것이 아니냐?" ²⁷ 그리고 이어서 모세와 모든 예언자로부터 시작하여 **성경 전체에 걸쳐 당신에 관한 기록들을** 그들에게 설명해 주셨다.

²⁸ 그들이 찾아가던 마을에 가까이 이르렀을 때, 예수님께서는 더 멀리 가려고 하시는 듯하였다. ²⁹ 그러자 그들은 "저희와 함께 묵으십시오. 저녁때가 되어 가고 날도 이미 저물었습니다." 하며 그분을 붙들었다. 그래서 예수님께서는 그들과 함께 묵으시려고 그 집에 들어가셨다. ³⁰ 그들과 함께 식탁에 앉으셨을 때, 예수님께서는 **빵을 들고 찬미를 드리신 다음 그것을 떼어 그들에게 나누어 주셨다.** ³¹ 그러자 그들의 **눈이 열려** 예수님을 알아보았다. 그러나 그분께서는 그들에게서 사라지셨다. ³² 그들은 서로 말하였다. "길에서 우리에게 말씀하실 때나 성경을 풀이해 주실 때 속에서 우리 마음이 타오르지 않았던가!"

³³ 그들이 곧바로 일어나 예루살렘으로 돌아가 보니 열한 제자와 동료들이 모여, ³⁴ "정녕 주님께서 되살아나시어 시몬에게 나타나셨다." 하고 말하고 있었다. ³⁵ 그들도 **길에서 겪은 일과 빵을 떼실 때에 그분을 알아보게 된 일을** 이야기해 주었다.

새김

　이 성경 구절은 부활하신 주님께서 제자들에게 나타나서 주님 자신에 대해 설명해 주시고 성체성사를 통해 증명해 보이심으로써, 제자들은 주님이 부활하셨다는 사실과 그분이 누구이며 그분의 사명이 무엇이고 왜 돌아가셔야 했는지를 깨닫게 되어, 다시 신앙의 확신을 가지고 예루살렘으로 돌아가 주님의 부활을 선포한다는 이야기다.

　이 성경 구절은 우리에게 미사의 분위기와 구조를 연상시킨다.

　첫째, 13절과 14절에 나오는 **"예루살렘에서 예순 스타디온 떨어진 … 마을로 가고 있었다. 그들은 그동안 일어난 모든 일에 관하여 서로 이야기하였다."**고 한 묘사는 주일 (아침) 미사에 참례하러 오는 길에서 서로 만나 인사하고 자신들의 안부와 공통 관심사를 나누며 성당으로 들어오는 모습을 연상케 한다. 또 다소 어수선하고 혼란스런 분위기에서 사제가 입당하는 모습과도 비슷하다. **"그렇게 이야기하고 토론하는데, 바로 예수님께서 가까이 가시어 그들과 함께 걸으셨다."**(15절) 미사가 시작되었고 서로 인사를 나누었지만, 아직 신자들은 그 주일의 의미나 미사 전례의 내용을 깊이 알지 못한다. 또한 자신들이 겪고 있는 사실들에 대한 신앙적인 이해가 부족한 상태이다. **"그들은 눈이 가리어 그분을 알아보지 못하였다."**(16절)

　둘째, 참회 시간을 갖기 위하여 사제가 "형제 여러분, 구원의 신비를 합당하게 거행하기 위하여 우리 죄를 반성합시다." 하고 말하면서 침묵에 들어가면, 신자들은 각자의 현실을 다시 돌아보게 된다. 다시 말해 자신들의 문제와 직접적으로 대면하게 되는 순간이다. 이 순간은 마치 미사에 참례한 각 신자에게 "**예수님께서 그들에게 '걸어가면서 무슨 말을 서로 주고받느냐?' 하고 물으**"(17ㄱ절)시는 것과 같다. 신자들은 각자 자신의 현실을 바라보면서 생각에 잠긴다. "**그들은 침통한 표정을 한 채 멈추어 섰다.**"(17ㄴ절) 우리는 이처럼 자신의 현실을 돌이켜 보면서 주님께 우리의 애로 사항과 바람을 합쳐 미사 지향으로 보고하는 것과 같다. '주님이 아시는 바와 같이 저는 이런 문제를 겪고 있습니다. 이 문제가 왜 제게 닥쳐왔는지, 이 문제를 통해 주님께서 우리에게 무엇을 말씀하시고자 하는지, 어떻게 이 문제에 대처해야 할지를 고민하고 있습니다.' "**그들 가운데 한 사람, 클레오파스라는 이가 예수님께, '예루살렘에 머물렀으면서 이 며칠 동안 그곳에서 일어난 일을 혼자만 모른다는 말입니까?' 하고 말하였다. 예수님께서 '무슨 일이냐?' 하시자 그들이 그분께 말하였다.**"(18-19절)

우리가 겪는 현실은 다름 아닌 갈등이다. "**…관한 일입니다. …셨습니다. 그런데 …들과 …들이 …하였습니다. 우리는 …기대하였습니다. 그 일이 일어난 지도 벌써 …됩니다.**"(19-21절) 어떤 일이 생겼는데, 나는 이렇게 생각하고 행동하는 반면 다른 이들은 저렇게 생각하고 행동하는 차이에서 오는 갈등과 이어지는 사건과 삶의 진행 상황들이다. 그리고 경우에 따라서는 상황이 반전되면서 입장도 바뀌어 웃음이 울음으로, 때로는 사건 자체가 미궁으로 빠져 어떻게 해야 할지를 모르는 상황 속에 있을 수도 있다. "**그런데 …주더랍니**

다. 그래서 …그대로였고, …못하였습니다."(22-24절)

셋째, 이제 이러한 갈등 속에 빠져 있는 우리에게 하느님은 말씀하신다. 말씀 전례. 구약과 신약의 5개 독서와 응송들 안에서 우리는 우리의 문제에 대한 주님의 말씀을 듣는다. 이 말씀은 매일 주님께서 우리에게 주시는 영혼의 양식이다. "그때에 예수님께서 … 성경 전체에 걸쳐 …에 관한 기록들을 그들에게 설명해 주셨다."(25-27절) 말씀 전례에서 우리는 주님께서 비춰 주시는 신앙의 빛으로 '우리 문제의 본질이 무엇인지, 그 문제를 어떻게 해결해야 하는지'를 깨닫게 되고 우리가 나아갈 길을 찾게 된다.

넷째, 주님의 말씀을 듣고, 우리는 삶 속으로 주님을 초대하게 된다. 주님께서 함께해 주시기를 초대하는 우리의 청원은, 미사성제 안에서 "우리가 주님께로 나아가고 주님의 말씀을 따르겠다."는 봉헌의 형태로 나타난다. "그러자 그들은 '저희와 함께 묵으십시오. 저녁때가 되어 가고 날도 이미 저물었습니다.' 하며 그분을 붙들었다."(29ㄱ절) 우리가 주님께 매달리고 다가서는 자세는 다른 한편으로 주님께 자신을 내맡기는 과정이다.

이러한 우리의 봉헌을 통해 주님께서 우리에게 다가오신다. 감사기도의 시초에 성령께서 오신다. "간구하오니, 성령의 힘으로 이 예물을 거룩하게 하시어 우리 주 예수 그리스도의 몸과 피가 되게 하소서."(감사기도 제2양식) "그래서 예수님께서는 그들과 함께 묵으시려고 그 집에 들어가셨다."(29ㄴ절)

다섯째, 감사기도에서 가장 중요한 성변화의 순간에 주님께서는 친히 당신의 말씀을 온전히 이루시고 완성시키신다. "그들과 함께 식탁에 앉으셨을 때, 예수님께서는 빵을 들고 찬미를 드리신 다음 그것을 떼어 그들에게 나누어 주셨다."(30절) 그럼으로써 우리를 향한 하느님의 사랑이 예수님의 죽으심을 통해 우리에게 확실히 드러난다. "그러자 그들의 눈이 열려 예수님을 알아보았다"(31ㄱ절) 우리는 성체를 영함으로써 주님과 하나가 된다. 그래서 주님은 당신의 사랑으로 우리 안에 스며들어 없어져 버리신다. 사랑은 스스로 녹아드는 것이라고나 할까! "그러나 그분께서는 그들에게서 사라지셨다."(31ㄴ절)

그분은 말씀 전례에서 우리가 들어 깨닫게 된 말씀을 성찬 전례에서 증거하심으로써 우리를 확신으로 불타오르게 하고, 우리도 그 말씀을 살도록 북돋우신다. "길에서 우리에게 말씀하실 때나 성경을 풀이해 주실 때 속에서 우리 마음이 타오르지 않았던가!"(32절)

여섯째, 이렇게 주님의 말씀을 통해 우리는 문제의 해답을 찾는다. 그리고 주님께서 말씀하신 바를 그대로 사신 십자가상의 제사, 즉 성찬을 통해 우리도 그 길을 걸어갈 힘을 얻는다. 이는 주님의 몸을 받아 모심으로써 얻게 되는 우리의 제자 됨의 시작이요, 제자가 사도로서의 사명을 실천해 나갈 수 있는 힘이다. 이렇게 주님이신 그리스도와 일치된 우리는 교우들과 함께 세상으로 복음을 선포하러 나아간다. "그들이 곧바로 일어나 예루살렘으로 돌아가 보니 열한 제자와 동료들이 모여, '정녕 주님께서 되살아나시어 시몬에게 나타나셨다.' 하고 말하고 있었다. 그들도 길에서 겪은 일과 빵을 떼실 때에 그분을 알아보게 된 일을 이야기해 주었다."(33-35절)

이상으로 우리는 루카 복음서 24장의 '엠마오로 가는 두 제자에게 나타나시다'란 성경 기사를 미사의 순서에 맞춰 살펴보았다. 물론 이 성경 기사가 미사의 형태를 의미하기 위해 쓰인 것은 아니다. 그러나 우리는 이 기사에서 미사의 의미를 쉽게 발견할 수 있다.

첫째, 우리는 이 기사에서 우리를 향한 주님의 지극한 사랑을 느낀다. 주님은 동틀 무렵 여자들에게 나타나신 후, 바로 엠마오로 가는 제자들에게 나타나셔서 당신 자신을 성경 말씀과 연관시켜 설명해 주시고 빵의 나눔을 통해 깨닫도록 하신다. 이렇게 아침부터 저녁 늦게까지, 하루 종일, 제자들을 직접 가르쳐 주시고 먹여 주시면서 키우시느라 애쓰신다. 똑같이 우리는 십자가상 제사를 기억하고 재현하는 미사성제를 통해 이 사랑의 절정과 완성을 본다.

엠마오의 이 기사는 바로 '왜 예수님이 십자가상에서 돌아가셔야 했는지', '그렇게 처참하게 돌아가신 의미가 무엇인지', '돌아가심으로써 어떤 일이 생기게 되었고 어떤 영향을 끼쳤는지', '돌아가신 후 사흘 만에 부활하셨다'는 내용을 이해시키고 믿게 하려고 주님께서 직접 제자들에게 설명해 주는 사랑의 곱빼기 수고이다. 미사 역시 주님의 십자가상 제사를 전례 형식으로 기념하고 재현함으로써, 오늘 미사를 봉헌하는 바로 여기서 다시 주님 구원이 계속된다.

둘째, 제자들은 주님께서 빵을 떼어 나누어 주실 때, 눈이 열려 주님을 알아본다. 주님은 빵의 나눔이라는 표징을 통해 자신을 알아보도록 계시하신다. 우리는 지금 미사성제(성체성사)를 통해 주님을 만난다. 엠마오로 가는 길에서 주님은 제자들의 눈을 열어 주심으로써 신앙의 신비를 알려 주신다. 제자들은 빵의 나눔을 통해 성경에서 언약되고 해석되고 증거되어 우리가 알게 된 주님을 만나게 된다. 이러한 깨달음과 만남이 바로 미사에서 얻게 되는 생명의 양식이다. 이 생명의 양식이 우리의 힘이다. 우리는 그 힘으로 세상 속에 살면서도 세상의 흐름에 휘말리지 않고 주님의 가르침을 지키고 따를 수 있게 된다. 그리고 거듭 생명의 양식을 얻기 위해 깨어 기도하고 미사에 참례함으로써, 우리 삶의 방향과 방법을 교정하고 주님의 안배하심과 보호하심과 이끄심 안에서 주님과 점점 일치되어 간다.

셋째, 우리가 주님을 만난다는 표현은 주님을 알아보게 되었다는 사실적인 현상("**눈이 열려 예수님을 알아보았다**"(31ㄱ절))에 그치지 않고 주님에 대한 '기억이 나고', '생각이 나며', '느낌이 들고', '깨달음을 얻는다'는 것까지 포함한다. 또한 우리가 "미사 중에 주님을 만난다!"는 표현 역시 그분과의 직접적인 대면만을 의미하지 않는다. 즉, 자신의 현실("**그동안 일어난 모든 일**"(14절))을 일어난 사건과 현상 그대로만 알고 있는 우리가("**예루살렘에 머물렀으면서 이 며칠 동안 그곳에서 일어난 일을 혼자만 모른다는 말입니까?**"(18절)) 그 사건과 현상 너머에 담겨 있는 의미를 미사의 독서와 강론을 통해 알게("**아, 어리석은 자들아! 예언자들이 … 성경 전체에 걸쳐 당신에 관한 기록들을 그들에게 설명해 주셨다.**"(25-27절)) 되었을 뿐더러, 그 깨달음을 지식이나 지적인 흥분에 그치지 않고 받아들이며 믿고, 그것을 실천하면서 살 수 있도록 성체를 영함으로써 확고히 심게 된다. 성체성사는 바로 십자가상의 제사로서 "하느님이 우리를 사랑하신다는 주님의 말씀이 그대로 주님을 통해 이루어진 사건이다." 그러므로 미사가 우리 생명의 양식인 것이다.

이는 바로 '하느님 아버지께서 우리를 사랑하신다'는 사실이, '주님께서 십자가상 제사를 바치심으로써' 명백히 드러났고 이루어졌다는 사실을 '성령께서 성체성사(미사)를 통해 일러 주시고 심어 주셔서 우리를 살리시는' 생명의 양식이다. 뿐만 아니라, 이런 생명의 양식을 얻게 됨으로써 우리는 신앙의 신비를 살 수 있다. 비록 지금은 우리에게 주어진 하느님의 사랑만큼만 우리가 숨 쉬고 있지만, 지속되는 우리의 활동과 미사 참례를 통해 교정되고 다시 심화된 우리의 활동 속에서 완전해진다. "내가 아이였을 때에는 아이처럼 말하고 아이처럼 생각하고 아이처럼 헤아렸습니다. 그러나 어른이 되어서는 아이 적의 것들을 그만두었습니다. 우리가 지금은 거울에 비친 모습처럼 어렴풋이 보지만 그때에는 얼굴과 얼굴을 마주 볼 것입니다. 내가 지금은 부분적으로 알지만 그때에는 하느님께서 나를 온전히 아시듯 나도 온전히 알게 될 것입니다."(1코린 13,11-12)

그러므로 미사는 우리가 주님과 만나고 주님으로부터 힘을 얻는 신앙의 원천이며, 주님은 세상을 하느님 나라로 변화시키는 일을 함께하자고 미사를 통해 우리를 부르시고 파견하신다.

응답

- 주님은 왜 우리를 미사(성체성사)에 부르십니까?
- 미사에서 얻어야 할 생명의 양식을 받아 나누고 있습니까?
- 오늘 미사에 참례하고 나서 나는 어떤 식으로 주님께서 주신 생명의 양식을 나누겠습니까?
- 누구와 함께 누구에게 내 생명의 양식을 나누겠습니까?

01

 성부와 성자와
성령의 이름으로

성호경과 인사

성호경

† 성부와 성자와 성령의 이름으로.

◎ 아멘.

인사

† 사랑을 베푸시는 하느님 아버지와
  은총을 내리시는 우리 주 예수 그리스도와
  일치를 이루시는 성령께서 여러분과 함께.

◎ 또한 사제와 함께.

"주님의 만찬인 미사에서 하느님의 백성은 그리스도를 대신하여 사제가 주례하는 주님의 기념제인 성찬의 희생 제사를 거행하도록 함께 모이라고 부름을 받는다. 그러므로 거룩한 교회의 이러한 지역 모임에서 '두 사람이나 세 사람이라도 내 이름으로 모인 곳에는 나도 함께 있다.'(마태 18,20)고 하신 그리스도의 약속이 가장 뚜렷하게 실현된다. 실제로 십자가의 희생 제사를 재현하는 미사 거행에서 그리스도께서는 당신의 이름으로 모인 회중과 집전자의 인격과 당신 말씀 안에 실제로 현존하시며, 성찬의 형상들 아래 실체로서 계속하여 현존하신다."(「미사 경본 총지침」, 27항, 한국 천주교 주교회의, 2009)

느낌

어떤 사람들은 이렇게 말합니다.

"성호경이 특별히 뜻을 가지고 있는 것은 아니잖아요. 그냥 습관이 아닌가요?"

"사람들이 많이 보는 데서 성호를 그으려면 왠지 쑥스러워서 못하겠어요."

"성호 긋기가 두려워요. 내가 성호를 그을 때 누가 옆에서 '저는 잘살지도 못하면서…. 저런 주제에 신자인 체한다.'고 흉보는 것 같고, 한편으로 오히려 주님께 누를 끼치는 것 같아요."

또 어떤 사람들은 이렇게도 말합니다.

"혼자 있을 때나 무슨 일이 있을 때 성호를 그으면 무서움이나 두려움이 없어지고 편안해져요."

"성호를 그으면 주님께서 내게 오시는 것 같아 힘이 생겨요."

"어떤 때는 너무 습관적으로 바쳐서 그었는지 안 그었는지도 모르겠어요. 하지만 안 바치면 너무나 허전해요."

나눔

- 성호를 자주 긋습니까?
- 성호를 그을 때 옆 사람의 눈치를 봅니까?
- 성호를 그을 때 어떤 마음가짐입니까?
- 성호를 그을 때 어떤 느낌이나 기분이 듭니까?

말씀

하느님은 사랑이시다 (1요한 4,7-16)

[4장]

⁷ 사랑하는 여러분, 서로 사랑합시다. 사랑은 하느님에게서 오는 것이기 때문입니다. 사랑하는 이는 모두 하느님에게서 태어났으며 하느님을 압니다. ⁸ 사랑하지 않는 사람은 하느님을 알지 못합니다. 하느님은 사랑이시기 때문입니다. ⁹ 하느님의 사랑은 우리에게 이렇

게 나타났습니다. **곧 하느님께서 당신의 외아드님을 세상에 보내시어 우리가 그분을 통하여 살게 해 주셨습니다.** [10] 그 사랑은 이렇습니다. 우리가 하느님을 사랑한 것이 아니라, 그분께서 우리를 사랑하시어 당신의 아드님을 우리 죄를 위한 속죄 제물로 보내 주신 것입니다. [11] 사랑하는 여러분, 하느님께서 우리를 이렇게 사랑하셨으니 우리도 서로 사랑해야 합니다. [12] 지금까지 하느님을 본 사람은 없습니다. 그러나 우리가 서로 사랑하면, 하느님께서 우리 안에 머무르시고 그분 사랑이 우리에게서 완성됩니다. [13] **하느님께서는 우리에게 당신의 영을 나누어 주셨습니다.** 우리는 이 사실로 우리가 그분 안에 머무르고 그분께서 우리 안에 머무르신다는 것을 압니다. [14] 그리고 우리는 아버지께서 아드님을 세상의 구원자로 보내신 것을 보았고 또 증언합니다. [15] **누구든지 예수님께서 하느님의 아드님이심을 고백하면, 하느님께서 그 사람 안에 머무르시고 그 사람도 하느님 안에 머무릅니다.** [16] 하느님께서 우리에게 베푸시는 사랑을 우리는 알게 되었고 또 믿게 되었습니다. 하느님은 사랑이십니다. 사랑 안에 머무르는 사람은 하느님 안에 머무르고 하느님께서도 그 사람 안에 머무르십니다.

새김

우리는 미사를 시작하며 성호를 긋는다. 사제의 입당과 아울러 주님께서 우리에게 오시기를 바라는 마음으로 성호를 긋는다. 이렇게 성호를 긋는 것은 어떤 의미로는 사랑이신 하느님께로 들어가는 것이다. 하느님의 공간과 시간 안으로 들어간다고나 할까?

성호를 그으면 마치 미사가 시작되었다는 신호를 보내기라도 하는 것처럼 신자들이 숙연해지고 집중하게 되는데, 이때 하늘이 열리는 듯한 느낌을 가지게 된다. 그래서 어떤 때는 신자들이 미사 전에 웅성거리는 것이, 마치 하늘에서 하느님 삼위께서 우리 중에 누가 내려가서 저들과 함께할까 의논하시는 것처럼 느껴지기도 한다.

하느님께서 하늘의 문을 여시고 우리를 사랑하신 나머지 주님을 우리에게 보내 주시면서 우리를 하늘나라로 불러들이시는 기분이 든다. 그리고 성호를 그을 때 마치 하느님께서 우리에게 당신 사랑을 약속하시고, 우리가 사랑의 사도라는 신호를 보내는 것과 같다. **"사랑하는 여러분, 서로 사랑합시다. 사랑은 하느님에게서 오는 것이기 때문입니다. 사랑하는 이는 모두 하느님에게서 태어났으며 하느님을 압니다."**(7절)

성호경에 나오는 것과 같이 하느님은 사랑으로 결합된 삼위일체이시다. **"하느님께서 당신의 외아드님을 세상에 보내시어 우리가 그분을 통하여 살게 해 주셨습니다."**(9ㄴ절) 아버지 하느님은 지상으로 당신의 아들을 내려보내셨다. 그리고 그 외아들에게 당신의 모든 권한을 주셨다. 아들은 그 권한을 다 받고도 자랑하거나 뻐기거나 남용하지 않고, 오직 아버지의 사랑을 우리에게 남김없이 주시는 데 다 써 버리신다. 그리고 그 사랑의 결실로 얻은 영광은 아버지께로 다 돌린다. 이렇게 서로가 서로를 항상 바라보고 서로에게 자신을 내줌으로써 일치하게 되고, 일치의 성령이 아버지와 아들 사이에서 피어난다. 이 성령은 아버지와 아들의 사랑에서 나온 것이지만 한편으로는 그 아버지와 아들을 계속 한마음 한 몸으로 만드신다. 이렇게 성령의 인도로 아들은 아버지의 명령을 거역하지 않고 아버지가 원하시는 대로 다 이루신다. 아버지가 원하시는 것이 십자가에 못 박히는 제물이 됨으로써 사람들의 죗값을 갚는 것까지인데도 아들은 아버지의 뜻을 마다하지 않고 모두 따르신다. "하느님의 사랑은 우리에게 이렇게 나타났습니다. 그 사랑은 이렇습니다. 우리가 하느님을 사랑한 것이 아니라, 그분께서 우리를 사랑하시어 당신의 아드님을 우리 죄를 위한 속죄 제물로 보내 주신 것입니다."(9ㄱ.10절)

그러므로 오늘 우리는 성호경을 바칠 때마다, 성호를 그으며 삼위일체이신 하느님의 사랑을 기억한다. 그리고 우리가 받은 그 사랑으로, 아니 그 사랑 안에서 우리도 서로 사랑을 나누며 하느님의 그 사랑에 참여한다. "사랑하는 여러분, 하느님께서 우리를 이렇게 사랑하셨으니 우리도 서로 사랑해야 합니다. 지금까지 하느님을 본 사람은 없습니다. 그러나 우리가 서로 사랑하면, 하느님께서 우리 안에 머무르시고 그분 사랑이 우리에게서 완성됩니다."(11-12절)

이제 아버지와 아들 사이에서 나신 성령이 우리에게 오셨다. "하느님께서는 우리에게 당신의 영을 나누어 주셨습니다. 우리는 이 사실로 우리가 그분 안에 머무르고 그분께서 우리 안에 머무르신다는 것을 압니다."(13절) 성령은 우리에게 주님을 알려 주고, 주님을 보내 주신 아버지의 사랑을 느끼고 깨닫게 해 준다. 우리가 주님을 느끼는 것 같은 기분과 깨달음, 그리고 주님을 보지 못했으면서도 생각하고 말하고 믿는 것은 바로 성령께서 우리에게 하느님 아버지의 상을 불러일으켜 주시기 때문이다. "**우리는 아버지께서 아드님을 세상의 구원자로 보내신 것을 보았고 또 증언합니다. 누구든지 예수님께서 하느님의 아드님이심을 고백하면, 하느님께서 그 사람 안에 머무르시고 그 사람도 하느님 안에 머무릅니다.**"(14-15절)

우리가 더 이상 '나'만이 아니고 '너를 위한 나'일 때 기쁘고 우리 존재와 삶의 의미를 가질 수 있는 이유는, 바로 우리에게 자신을 몽땅 내주신 하느님의 사랑을 우리가 주 예수 그리스도를 통해 받았고, 그 사랑이신 하느님께서 우리 안에 계시기 때문이다. "**하느님께서 우리에게 베푸시는 사랑을 우리는 알게 되었고 또 믿게 되었습니다. 하느님은 사랑이십니다. 사랑 안에 머무르는 사람은 하느님 안에 머무르고 하느님께서도 그 사람 안에 머무르십니다.**"(16절)

한편으로 우리는 사도 바오로와 초대 교회의 교부들이 모든 서간에서 그랬던 것처럼, 언제나 성부와 성자와 성령의 이름으로 사랑하고 우리의 사랑을 받아야 할 분들께 아버지 하느님의 사랑과 주 예수 그리스도의 은총과 성령께서 이루어 주시는 평화와 친교의 일치가 이루어지기를 청한다. "**성도로 부르심을 받은 이들로서 하느님께 사랑받는 로마의 모든 신자에게 인사합니다. 하느님 우리 아버지와 주 예수 그리스도에게서 은총과 평화가 여러분에게 내리기**

를 빕니다."(로마 1,7)

성부와 성자와 성령의 이름으로 우리는 눈에 띄는, 아니 우리로 하여금 발견하고 책임지도록 맡겨 주신 주님의 형제자매들을 기억한다. 마치 화살기도를 바치듯이 가장 간단한 방법으로 우리에게 맡겨진 이들을 주님 안에서 기억하고, 주님의 뜻대로 이들과 함께하기 위하여 주님께 나와 그 형제자매를 봉헌하고 주님께서 축복해 주시기를 기원한다. "하느님의 뜻에 따라, 또 그리스도 예수님 안에 있는 생명의 약속에 따라 그리스도 예수님의 사도가 된 바오로가, 사랑하는 아들 티모테오에게 인사합니다. 하느님 아버지와 우리 주 그리스도 예수님에게서 은총과 자비와 평화가 내리기를 빕니다."(2티모 1,1-2)

그래서 우리는 성부와 성자와 성령의 이름으로 청하고 주님과 함께 활동하며 살아간다. "너희가 내 이름으로 청하면 내가 다 이루어 주겠다."(요한 14,14) "내가 또 진실로 너희에게 말한다. 너희 가운데 두 사람이 이 땅에서 마음을 모아 무엇이든 청하면, 하늘에 계신 내 아버지께서 이루어 주실 것이다. 두 사람이나 세 사람이라도 내 이름으로 모인 곳에는 나도 함께 있기 때문이다."(마태 18,19-20) "누구든지 이런 어린이 하나를 내 이름으로 받아들이면 나를 받아들이는 것이다. 그리고 나를 받아들이는 사람은 나를 받아들이는 것이 아니라 나를 보내신 분을 받아들이는 것이다."(마르 9,37)

응답

- 지금 이 자리에서 성호를 그으며 주님을 느껴 봅시다.
- 요즈음 하느님께서 우리에게 맡겨 주신 사람은 누구입니까?
- 미사를 드리며 주님께 봉헌하고, 함께하고 싶은 사람이 있습니까?

02

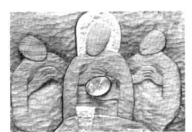 주님,
자비를 베푸소서

참회-자비를 구함

참회

† 형제 여러분, 구원의 신비를 합당하게 거행하기 위하여
  우리 죄를 반성합시다.

† 전능하신 하느님과

◎ 형제들에게 고백하오니 생각과 말과 행위로
  죄를 많이 지었으며 자주 의무를 소홀히 하였나이다.

  가슴을 치며

  제 탓이요, 제 탓이요, 저의 큰 탓이옵니다.
  그러므로 간절히 바라오니 평생 동정이신 성모 마리아와
  모든 천사와 성인과 형제들은
  저를 위하여 하느님께 빌어 주소서.

† 전능하신 하느님, 저희에게 자비를 베푸시어

죄를 용서하시고 영원한 생명으로 이끌어 주소서.
◎ 아멘.

자비송
† 주님, 자비를 베푸소서.
◎ 주님, 자비를 베푸소서.
† 그리스도님, 자비를 베푸소서.
◎ 그리스도님, 자비를 베푸소서.
† 주님, 자비를 베푸소서.
◎ 주님, 자비를 베푸소서.

느낌

어떤 사람들은 이렇게 말합니다.

"밤에 끝기도까지 하면서 잘못을 다 반성했는데 자고 난 아침에 잘못한 게 뭐 있나? 그리고 매일 미사 때마다 반성할 만큼 지은 죄가 어디 그렇게 많은가, 뭐?"

"왜 내 탓인가요? 그것이 어째서 나만의 문제입니까? 손바닥도 마주 쳐야 소리가 나는데…."

"하느님께 빌 것이 있나요? 사는 게 해결된 다음에야…. 그 나머진 하느님께 무책임하게 바라기만 할 것이 아니라, 또 바란다고 될 일도 아니고, 내가 직접 발 벗고 뛰어야 될 일인데…."

또 어떤 사람들은 이렇게도 말합니다.

"꼭 잘못한 일이 있어서 죄의 용서를 바란다기보다, 더욱더 거룩해지고 더욱더 주님과 하나가 되기 위해 자신을 정화시키고 정진시키는 방법이죠."

"너와 내가 싸운 일만이 아니죠. 온 세상이 나를 위해 존재하는 것이 아니기에 모든 것이 나와의 연관 속에서 내가 책임져야 할 것은 아닙니다. 그러나 인간 삶의 조건과 사회의 연대성이란 측면에서 보면 긍정적이거나 부정적이거나 나와 반드시 직접적인 연결은 안 되었더라도 간접적이거나 때로는 공범자로서 나와 연관될 수밖에 없는 상황이 나로 하여금 현실 문제에 대해 책임 의식을 느끼도록 촉구하고 있죠."

"특별히 내가 물질적인 풍요를 위해 주님께 바랄 것은 없고요. 그런 것을 바란다는 것 자체가 우스운 것이지요. 그보다는 하느님, 세상과 나의 주인이신 주님께 내 생을 불안과 악의 없이 영위할 수 있도록 청하는 것이죠. 행복과 평화, 구원이라는 단어로 대표되는 하느님과 함께하는 삶을 청하는 것이죠."

나는

- 미사 때 무엇을 주로 반성합니까?
- 미사 때 무엇을 주로 청합니까?

말씀

예리코에서 눈먼 이를 고치시다(루카 18,35-43)

[18장]

^{35} 예수님께서 예리코에 가까이 이르셨을 때의 일이다. 어떤 눈 먼 이가 길가에 앉아 구걸하고 있다가, ^{36} 군중이 지나가는 소리를 듣고 무슨 일이냐고 물었다. ^{37} 사람들이 그에게 "나자렛 사람 예수님께서 지나가신다." 하고 알려 주자, ^{38} 그가 "예수님, **다윗의 자손이시여, 저에게 자비를 베풀어 주십시오.**" 하고 부르짖었다. ^{39} 앞서 가던 이들이 그에게 잠자코 있으라고 꾸짖었지만, 그는 더욱 큰 소리로 "다윗의 자손이시여, 저에게 자비를 베풀어 주십시오." 하고 외쳤다. ^{40} 예수님께서 걸음을 멈추시고 그를 데려오라고 분부하셨다. 그가 가까이 다가오자 예수님께서 그에게 물으셨다. ^{41} "내가 너에게 무엇을 해 주기를 바라느냐?" 그가 "주님, 제가 다시 볼 수 있게 해 주십시오." 하였다. ^{42} 예수님께서 그에게 "다시 보아라. **네 믿음이 너를 구원하였다.**" 하고 이르시니, ^{43} 그가 즉시 다시 보게 되었다. 그는 하느님을 찬양하며 예수님을 따랐다. 군중도 모두 그것을 보고 하느님께 찬미를 드렸다.

새김

미사를 시작하면서 우리는 참회 예절을 갖게 된다. 어떻게 보면 참회 예절은 주님을 만나러 달려온 사람에게 다시 만나기 위한 준비를 시키는 것처럼 보일 정도로 중복되고 불필요한 것처럼 느껴진다. 왜냐하면 미사에 참석하여 성체를 모시고자 한 사람들은 이미 미사 전에 고해성사를 보았을 것이며, 최소한 주님을 만나기 위한 마음의 준비를 했을 것이기 때문이다. 그런데도 참회 예절을 또 시키는 것은 좀 지나치지 않을까? 그야말로 밤에 끝기도까지 하고 잠만 잤는데 아침에 일어나 새벽 미사에 참례하자마자 또 반성하라니?

우리는 미사 경본의 "**주님, 자비를 베푸소서.**"라는 부분을 루카 복음서 18장 '예리코에서 눈먼 이를 고치시다'의 외침에서 찾아볼 수 있다. "**예수님, 다윗의 자손이시여, 저에게 자비를 베풀어 주십시오.**"(38절) 또한 마태오 복음서 15장 '가나안 여자의 믿음'에서도 찾아볼 수 있다. "**예수님께서 그곳을 떠나 티로와 시돈 지방으로 물러가셨다. 그런데 그 고장에서 어떤 가나안 부인이 나와 '다윗의 자손이신 주님, 저에게 자비를 베풀어 주십시오. 제 딸이 호되게 마귀가 들렸습니다.' 하고 소리 질렀다.**"(마태 15,21-22) 인용된 두 성경 구절에서 드러나는 자비를 청하는 기도는 일견 반성의 의미로서의 참회를 가리키는 것은 아닌 듯하다. 오히려 간절한 바람의 성격을 엿볼 수 있다.

루카 복음서에 나오는 예리코의 소경은 이미 예수님에 대해 알고 있었고, 그분이 지나가면 자신이 "볼 수 있게 해"(41절) 달라고 청하겠다고 작정하고 간절히 기다리고 있었다. "사람들이 그에게 '나자렛 사람 예수님께서 지나가신다.' 하고 알려 주자, 그가 '예수님, 다윗의 자손이시여, 저에게 자비를 베풀어 주십시오.' 하고 부르짖었다."(37-38절) 그는 단순히 밑져야 본전이라는 마음에서 한 번 청하는 식이 아니었다. 왜냐하면 소경은 "앞서 가던 이들이 그에게 잠자코 있으라고 꾸짖었지만, 그는 더욱 큰 소리로 '다윗의 자손이시여, 저에게 자비를 베풀어 주십시오.' 하고 외쳤다."(39절) 그 소리가 얼마나 크고 간절했는지 "예수님께서는 걸음을 멈추시고 그를 데려오라고 분부하"(40절)실 정도였다.

이 소경은 예수님을 만나 자기를 고쳐 달라고 말하기 전에 이미 예수님의 소문을 들었고, 그분이 자기를 고칠 수 있다고 믿었다. 우연히 지나가는 길에 만난 것이 아니라 작정하고 그 자리에 와서 나자렛 예수님을 기다렸던 것처럼 보인다. 이 간절하고도 확신에 찬 소경의 청원을 우리는 가나안 여자에게서도 찾아볼 수 있다. 가나안 여인이 자기 딸을 살려 달라고 계속 졸라 대는데도 "예수님께서는 한마디도 대답하지 않으셨다."(마태 15,23ㄱ) 오히려 제자들이 다가와 "저 여자를 돌려보내십시오. 우리 뒤에서 소리 지르고 있습니다."(마태 15,23ㄴ)라고 말하였다. "예수님께서 '나는 오직 이스라엘 집안의 길 잃은 양들에게 파견되었을 뿐이다.' 하고 대답하셨"(마태 15,24)는데도 그 여자는 그치지 않고 "예수님께 와 엎드려 절하며 '주님, 저를 도와주십시오.' 하고 청하였다."(마태 15,25) 예수님께서 그 여자에게 또다시 "**자녀들의 빵을 집어 강아지들에게 던져 주는 것은 좋지 않다.**"(마태 15,26)라고 거절하셨는데도 그 여자는 "**주님, 그렇습니다. 그러나 강아지들도 주인의 상에서 떨어지는 부스러기는 먹습니다.**"(마태 15,27) 하며 청한다. 이 여자는 자신을 강아지에 비유할 정도로 자존심을 내팽개치고 본능적으로 매달린다. 이 여인의 청원은 예수께서 자기 딸을 고쳐 주실 수 있는 주님이라는 믿음을 전제하고 있다. 그러기에 두 번씩이나 거부하는 주님의 말씀 앞에서도 굴하지 않고 자신을 강아지에 비유할 정도로 당당히 청한다. 그래서 비굴하기보다는 자식이 부모에게 청하는 것처럼 오히려 자연스러워 보인다.

이렇게 주님께 자비를 청하는 예리코의 소경이나 가나안 여자에게 주님은 "**네 믿음이 너를 구원하였다.**"(루카 18,42) "**아, 여인아! 네 믿음이 참으로 크구나.**"(마태 15,28) 하고 칭찬하신다. 주님은 그 둘에게 '너의 청은 참으로 나에 대한 믿음에서 우러나오는 것이다.'라는 인정 아래 자비를 베풀어 주시는 것이다. 그러므로 주님께 자비를 청하는 그 두 사람의 모습은 바로 인간이 하느님께 향하는 근본자세이다. 곧 하느님을 알고 믿기에 그분 앞에 주저함 없이 나아가는 것이다. 마치 주님 앞에 대령이라도 하듯. 그러므로 이러한 믿음이 그를 주님 앞에 달려가 서게 만든다.

그런데 왜 주님 앞에 서서, 주님께서 자비를 베풀어 주시기를 청하는 우리의 모습을 참회로 규정지었을까? 우리는 여기서 예리코의 소경이나 가나안 여인이 주님을 뵈옵고 바로 "**볼 수 있게 해 주**

십시오."(루카 18,41)라든가 "제 딸이 호되게 마귀가 들렸습니다."(마태 15,22ㄷ)라고 말하지 않고, 먼저 "저에게 자비를 베풀어 주십시오."(루카 18,38.39ㄴ; 마태 15,22ㄴ)라고 청하는 모습을 볼 수 있다. 이 소경과 여인의 표현에 주목해 보자. 이는 주님께 잘 보이기 위해 겸손과 가련함을 내세우는 모습일까? 아니면 당시 랍비나 예언자, 혹은 사제라는 선인들에게 하는 일상적이고도 습관적인 표현일까?

그러한 접근보다 우리는 이 두 사람의 입장을 루카 복음서(5,1-11)에 나오는 '고기잡이 기적-어부들을 제자로 부르시다'에서 찾아볼 수 있다. 내용은 이렇다. 어부들이 밤새 그물을 쳤으나 고기를 한 마리도 못 잡고 돌아왔다. 그런데 "**깊은 데로 저어 나가서 그물을 내려 고기를 잡아라.**"(루카 5,4) 하신 예수님의 말씀을 따랐더니 "그물이 찢어질 만큼 매우 많은 물고기를 잡게 되었다. 그래서 다른 배에 있는 동료들에게 손짓하여 와서 도와 달라고 하였다. 동료들이 와서 고기를 두 배에 가득 채우니 배가 가라앉을 지경이 되었다. 시몬 베드로가 그것을 보고 예수님의 무릎 앞에 엎드려 말하였다. '주님, 저에게서 떠나 주십시오. 저는 죄 많은 사람입니다.'"(루카 5,6-8) 이 장면을 루카는 "**사실 베드로도, 그와 함께 있던 이들도 모두 자기들이 잡은 그 많은 고기를 보고 몹시 놀랐**"(루카 5,9)기 때문이라고 기술하고 있다. 그렇다. 너무 많은 고기가 잡힌 사건 앞에서, 즉 자신들이 할 수 없었던 일이 눈앞에서 기적처럼 펼쳐지자 인간은 겁을 집어먹고 두려움에 빠져 스스로 죄인임을 인정한다.

이렇게 주님 앞에 서서 주님을 만났을 때 초라하고 가소로운 자신의 모습을 발견하게 되는 인간은 스스로 죄인임을 고백하고 자비를 청하게 된다. 이 모습은 또한 루카 복음서 18장에 나오는 '바리사이와 세리의 비유'에서 확인할 수 있다. 바리사이는 성전에 들어왔지만 하느님 앞에 서지 못하고 자기의 업적 앞에 서서, 하느님께 기도를 바치는 것이 아니라 자기의 업적을 선포한다(루카 18,10-12 참조). 그래서 주님은 이들을 가리켜 **"스스로 의롭다고 자신하며 다른 사람들을 업신여기는 자들"**이라고 규정하신다(루카 18,9). 그래서 바리사이는 하느님 앞에서는 의로운 사람이 되지 못한다. "내가 너희에게 말한다. 그 바리사이가 아니라 이 세리가 의롭게 되어 집으로 돌아갔다. 누구든지 자신을 높이는 이는 낮아지고 자신을 낮추는 이는 높아질 것이다."(루카 18,14) 세리가 기도하는 모습은 이렇다. "세리는 멀찍이 서서 하늘을 향하여 눈을 들 엄두도 내지 못하고 가슴을 치며 말하였다. '오, 하느님! 이 죄인을 불쌍히 여겨 주십시오.'"(루카 18,13)

그럼 이제 우리의 문제가 정리되었다. 하느님 앞에 서는 사람, 하느님을 만나는 사람은 자연스럽게 자신의 부족함과 죄를 보게 됨으로써 주님 앞에서 송구스러운 자세로 자신을 드러내게 된다는 것이다. 그래서 주님을 만나는 기쁨은 바로 이 자비를 청하고, 그 청을 들어주는 주님의 자비로 이루어진다는 것이다.

그러므로 참회는 단순히 잘못에 대한 반성이나 그 반성을 끌어내기 위한 일종의 인위적인 예절 프로그램이 아니다. 참회는 인간이 주님 앞에 서고 주님을 만날 때 구조적으로 가지게 되는 감정이요 본능이다. 아울러 이러한 참회를 가져오게 하는 것은 바로 참회

자의 믿음이며, 그 믿음은 바로 주님께 대한 확실한 선체험先體驗에서 비롯된다. 우리가 주님을 체험하지 못했다면, 주님을 먼저 체험한 사람들의 신앙 고백을 전해 들음으로써 주님을 믿고 기다리게 된다. 그러므로 우리에게 베풀어 주신 주님의 은총에 대한 체험, 주님께서 선조들이나 다른 이들에게 베풀어 주신 은총, 그리스도인으로서는 예수 그리스도의 십자가상 사건의 체험에서부터 미사는 시작된다. 이렇게 참회는 주님을 맞이하는 과정의 첫걸음이다.

응답

- 주님 앞에 서고 싶습니까?
- 그럼 두려움 없이 다가서십시오. 그리고 주님을 청해 보십시오.
- "주님, 저에게 오십시오. 그리고 저를 받아주십시오." 그러면 마음속에 여러분의 부끄러운 모습들이 하나씩 드러나기 시작할 것입니다. 그 모든 부끄러움을 주님 앞에 보여 드리고 자비를 청하십시오. 주님의 자비를 받아 편안해질 것입니다.
- 자, 지금 해 보십시오.
- 순수한 믿음으로 주님을 바라보십시오.

 # 하느님께 영광
사람들에게 평화

03

대영광송

† 하늘 높은 데서는 하느님께 영광
○ 땅에서는 주님께서 사랑하시는 사람들에게 평화.
● 주 하느님, 하늘의 임금님
○ 전능하신 아버지 하느님
● 주님을 기리나이다, 찬미하나이다.
○ 주님을 흠숭하나이다, 찬양하나이다.
● 주님 영광 크시오니 감사하나이다.
○ 외아들 주 예수 그리스도님
● 주 하느님, 성부의 하느님
○ 하느님의 어린양
● 세상의 죄를 없애시는 주님, 저희에게 자비를 베푸소서.
○ 세상의 죄를 없애시는 주님, 저희의 기도를 들어주소서.

● 성부 오른편에 앉아 계신 주님, 저희에게 자비를 베푸소서.
○ 홀로 거룩하시고, 홀로 주님이시며,
　홀로 높으신 예수 그리스도님
◎ 성령과 함께 아버지 하느님의 영광 안에 계시나이다. 아멘.

느낌

어떤 사람들은 이렇게 말합니다.

"미사 때마다 하는 것도 아니고 주일이나 가끔(?), 그 외엔 평일의 대축일에 한 번 하느라 잘 외우지도 못해 부담만 됩니다."

"사순 시기에는 안 바치고 넘어가니까 혼란스럽고 실수하기 딱 알맞아요."

또 어떤 사람들은 이렇게도 말합니다.

"이 노래를 부를 때마다, 주님께서 우리를 구원하러 오셨다는 것을 마음속 깊이 느끼게 해 주어서 참 기쁩니다."

"주님께 대한 대영광송을 소리 높여 바칠 때면 속이 후련해져요."

"기나긴 사순 시기를 마치고 부활 성야 미사 때 대영광송을 바칠 때면 온몸이 다 풀어지고 편안해집니다."

나눔

- 어느 때 영광을 받았다고 느낍니까?
- 영광은 언제 어떻게 하면 드러나게 됩니까?
- 무엇을 영광으로 여기고 삽니까?

말씀

천사가 목자들에게 예수님의 탄생을 알리다
목자들이 예수님을 뵙다(루카 2,8-20)

[2장]

⁸ 그 고장에는 들에 살면서 밤에도 양 떼를 지키는 목자들이 있었다. ⁹ 그런데 주님의 천사가 다가오고 주님의 영광이 그 목자들의 둘레를 비추었다. 그들은 몹시 두려워하였다. ¹⁰ 그러자 천사가 그들에게 말하였다. "두려워하지 마라. 보라, 나는 온 백성에게 큰 기쁨이 될 소식을 너희에게 전한다. ¹¹ 오늘 너희를 위하여 다윗 고을에서 구원자가 태어나셨으니, 주 그리스도이시다. ¹² 너희는 포대기에 싸여 구유에 누워 있는 아기를 보게 될 터인데, 그것이 너희를 위한 표징이다." ¹³ 그때에 갑자기 그 천사 곁에 수많은 하늘의 군대가 나타나 하느님을 이렇게 찬미하였다.

¹⁴ "지극히 높은 곳에서는 하느님께 영광

땅에서는 그분 마음에 드는 사람들에게 평화!"

¹⁵ 천사들이 하늘로 떠나가자 목자들은 서로 말하였다. "베들레헴으로 가서 주님께서 우리에게 알려 주신 그 일, 그곳에서 일어난 일을 봅시다." ¹⁶ 그리고 서둘러 가서, 마리아와 요셉과 구유에 누운 아기를 찾아냈다. ¹⁷ 목자들은 아기를 보고 나서, 그 아기에 관하여 들은 말을 알려 주었다. ¹⁸ 그것을 들은 이들은 모두 목자들이 자기들에게 전한 말에 놀라워하였다. ¹⁹ 그러나 마리아는 이 모든 일을 마음속에 간직하고 곰곰이 되새겼다. ²⁰ 목자들은 천사가 자기들에게 말한 대로 듣고 본 모든 것에 대하여 하느님을 찬양하고 찬미하며 돌아갔다.

새김

이스라엘의 성지 베들레헴에 있는 '목자들의 들판' 성당의 벽화를 보면 할아버지, 아버지, 어린 아들 이렇게 3대의 목동을 주인공으로 그리고 있다. 이곳의 벽화는 총 3가지 장면을 그리고 있다. 천사가 아기 예수의 탄생을 알리는 장면, 천사의 말대로 탄생하여 베들레헴의 동굴 말구유에 누워 있는 아기 예수를 찾아 인사하는 장면, 그리고 아기 예수의 탄생을 확인한 후 돌아오는 장면이 그것이다.

처음 천사가 목동들에게 나타났을 때, 할아버지 목동은 차마 고개를 들지 못한 채 거룩함에 대한 경건한 자세로 듣는다. 반면 그 아들은 눈이 부신 듯 손으로 빛만 가린 채 무슨 일인가 하며 쳐다보고 있다. 그리고 어린 손자는 마치 천사에게 달려가기라도 할 듯이 한 발을 세우고 얼굴 가득히 환희로 반긴다. 한편, 아기 예수를 방문하고 집으로 돌아가는 길을 표현한 마지막 그림에 나오는 사람들의 모습도 매우 인상적이다. 젊은 아버지 목동은 자신이 목격한 사실에 대해서는 아랑곳하지 않고, 현실 속에서 자신의 갈 길을 가듯 피리를 불며 양들을 몰고 갈 뿐이다. 그러나 할아버지는 마치 예루살렘 성전의 시메온을 연상케라도 하듯, 현실에서 자신의 꿈이 기적적으로 이루어져 말로 다할 수 없는 황홀함에 빠져서 눈의 초점마저 잃고 하늘만 바라보며 걷고 있다. 한편 손자 목동은 마라톤에서의 승리를 알리려는 아테네 군의 용사처럼, 어서 가 그 기쁜 소식을 전하기 위해 나뭇가지를 꺾어 손에 들고 춤추듯 맨 앞에 서서 활짝 웃으며 걷고 있다.

물론 이 그림은 이름 모를 한 예술가의 창작에 의한 것이다. 하지만 아기 예수의 탄생을 둘러싸고 나타나는 목자들의 얼굴 표정과 자세는, 복음을 향한 인간의 단면들을 특징적으로 그려 내고 있다.

무엇 때문에 목동들은 기뻐할 수 있었을까? 어린 아기로 우리에게 오신 예수님. 그것도 자기 몸 하나 제대로 누일 곳조차 없이 동물들의 동굴 속 말구유에서 포대기 하나 걸치고 초라하게 누워 계신 예수님, 그분의 가난한 탄생. 가난을 부끄럽게 여기고 무슨 수를 써서라도 어서 빨리 부자가 되는 것만이 살 길이라고 생각하는 이들에게, 자신들보다 더 가난하게 태어나신 아기 예수는 오히려 기쁜 소식이다. 하느님도 우리와 같이 가난하게 오셨다. 아니, 우리보다 더 어려운 처지로 오셔서 우리를 이해해 주시고 우리 편이 되시어 우리를 구원해 주시리라는 공감과 희망을 불러일으키셨다. 한편, 물질적인 여유 속에서 자기 식구 잘 먹고 잘사는 것 이외에는 다른 관심이 없는 사람들, 어떤 면에서는 인간의 존재 가치와 삶의 의미에 대한 감각조차 없이 살아가는 사람들에게 물질적인 치장과 소유라는 자기 생명의 담보로부터 해방되어, 하느님으로부터 창조되어 하느님의 모상이라는 인격을 가진 인간으로서 살 수 있도록, 하느님의 아들 예수는 우리가 인간적으로 꾸미고 그릴 수 있는 하느님다운(?) 권위와 외적인 힘을 모두 포기하시고, 오히려 보호를 받아야 할 연약한 아기로, 그것도 말구유에서 포대기 하나 걸치고 오셨다. 자신의 모든 것을 우리에게 주심으로써 가난해지신 하느님의 아들, 아기 예수. 사도 바오로는 이러한 가난을 다음과 같이 설명했다. "**(그리스도 예수) 그분께서는 하느님의 모습을 지니셨지만 하느님과 같음을 당연한 것으로 여기지 않으시고 오히려 당신 자신을 비우시어 종의 모습을 취하시고 사람들과 같이 되셨습니다.**"(필리 2,6-7) 또 이러한 가난의 성격을 "**그분께서는 부유하시면서도 여러분을 위하여 가난하게 되시어, 여러분이 그 가난으로 부유하게 되도록 하셨습니다.**"(2코린 8,9)라고 풀이했다. 이것이 바로 가난하게 되어 버린 이들에게 풍요와 여유로 오신 것이다.

또한 눈만 뜨면 다가오는 세상의 위협 속에서 힘들고 어렵고 버거운 삶을 살아야 하는 이들에게, 참으로 인생의 여정에 지치고 지친 이들에게, 주어진 삶을 마치는 것 외에 더 이상의 희망조차 바랄 수 없는 버림받은 이들에게 그분은 위로와 희망으로 오신 것이다.

그분은 세상의 권력 싸움 속에서, 세태의 변화 속에서 결국 변절하고 쓰러질 한 세대의 풍운아요 영걸로 오신 것이 아니다. "**예수님께서는 이 세상에 계실 때, 당신을 죽음에서 구하실 수 있는 분께 큰 소리로 부르짖고 눈물을 흘리며 기도와 탄원을 올리셨고, 하느님께서는 그 경외심 때문에 들어주셨습니다. 예수님께서는 아드님이시지만 고난을 겪으심으로써 순종을 배우셨습니다. 그리고 완전하게 되신 뒤에는 당신께 순종하는 모든 이에게 영원한 구원의 근원이 되셨으며, 하느님에게서 멜키체덱과 같은 대사제로 임명되셨습니다.**"(히브 5,7-10)

"하늘 높은 곳에는 하느님께 영광, 땅에서는 그가 사랑하시는 사람들에게 평화!"

이 노래는 오늘 이 시대에도 울려 퍼지고 있다. 인간은 사회적인 동물이요, 다른 동물과 달리 언어를 가졌기에 만물의 영장이라고 하는 문구가 오늘의 인간 세상에서 어떤 의미를 지니는가? 오히려 물질적인 욕망의 무한한 늪과 자신의 이익을 위해서는 타의 희생을 전제하고 요구하는, 너무나도 배타적인 이기주의의 먹이사슬 속에서 포효하고 방황하는 동물이란 표현이 더 적절한 오늘의 인간 군상들. 그러나 천사들의 말을 듣고 베들레헴으로 달려왔던 목동들에게서, 목동들의 말을 신기하게 받아들였던 사람들에게서, 2천 년 전 자신의 부족들이 믿고 의지했던 신심과 사상을 넘어 이스라엘이라는 이교도에게서 구세주를 찾아 헤로데 왕과의 외교적인 마찰을

감수하면서까지 아기 예수를 경배하러 온 동방 박사들처럼 진리를 향한 제한과 편견 없는 행렬에서, 무엇보다 구세주가 탄생하시리라는 천사의 말을 액면 그대로 받아들여 새로운 역사가 펼쳐질 수 있도록 하느님의 뜻을 겸허하게 받아들인 마리아와 그분을 어머니로 모시고 주님의 명을 따라 이 땅에서 하느님 나라를 이루어 나감으로써, 주님의 평화 속에 있는 교회에서 하느님의 영광은 드러나기 시작한다.

그 가운데서도 복음을 받아들이는 이들의 영혼과 그 삶 속에서 우리는 하느님의 영광이 이 땅에서 하늘 높은 곳으로 울려 퍼지고 있음을 발견한다.

"신부님, 구역·반 미사를 저희 집에서 지내게 되어 얼마나 큰 영광인지 모르겠습니다."

영광을 자신의 출세나 입신양명에서 찾지 않고, 인간의 힘과 지배가 불가능한 저 너머의 진정으로 거룩한 분과 그분과의 연관 관계에서 찾는 이들에게서 하느님의 영광은 오늘도 드러나고 있다. 하느님을 소유하거나 조종하려 하지 않고, 그분의 영광을 찬미하며, 그 영광을 빛내는 이들에게서. 이들은 하느님 아버지의 사랑 안에서 평화를 사는 사람들이다. 즉, 십자가의 길을 강요받았음에도 거부하지 못하고 묵묵히 살아가는 이들이요, 한편으로 기꺼이 십자가의 길을 선택하여 걸음으로써 하느님 아버지의 영광을 드러내는 이들이다.

그러므로 성탄 밤 천사와 함께 하늘의 군대가 부른 이 노래는 하느님의 나라를 위해 가난해지도록 하느님의 선택을 받은, 그리고 하느님의 사랑을 받은 가난한 이들이 외치는 기쁨의 노래이다.

응답

- 우리는 삶의 희망을 어디에서 찾고 있습니까?
- 어떤 기쁨과 평화를 원하고 있습니까?
- 여러분 영혼의 첫자리를 차지하고 있는 기대와 목표는 무엇입니까?

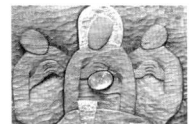 성경 말씀이 너희가
듣는 가운데에서 이루어졌다

04

말씀 전례

제1독서, 화답송, 제2독서, 복음 환호송, 복음

"교회 안에서 성경이 봉독될 때에는 하느님께서 당신 백성에게 말씀하시며 말씀 안에 현존하시는 그리스도께서 복음을 선포하신다. 그러므로 모든 이는 전례의 중요한 요소인 하느님의 말씀을 봉독할 때 존경하는 마음으로 들어야 한다. 성경 봉독을 통하여 하느님께서 모든 시대의 모든 사람에게 말씀하시므로 누구나 그 말씀을 알아들을 수 있다. 그러나 전례 행위의 한 부분으로서, 살아 있는 풀이인 강론으로 말씀을 더욱 완전히 이해하여 더 큰 효과를 얻게 해야 한다."(「미사 경본 총지침」, 29항, 한국 천주교 주교회의, 2009)

느낌

어떤 사람들은 이렇게 말합니다.

"미사 끝나고 나가면 무슨 말씀을 들었는지 그냥 잊어버려요."

"마음이 딴 데 가 있어서 그런지 듣기는 하는데, 한쪽 귀로 듣고 한쪽 귀로 나가 버려서 항상 죄스러워요."

"하나도 다 기억하기 힘든데 무슨 독서를 5개씩 하는지 모르겠어요."

또 어떤 사람들은 이렇게도 말합니다.

"주일 미사 시간에 들려오는 말씀이 정말 생명수 같아요."

"미사 때 들려오는 주님의 말씀과 강론으로 한 주일을 사는 것 같아요."

"주일 말씀이 꼭 그 한 주간에 일이 생길 때 나 보고 그 말씀대로 하라고 어떻게 그렇게 잘 맞춰서 미리 일러 주는지 참 신기해요. 내가 사는 게 아니라 전례주년에 맞춰 나한테 일이 생기고, 말씀대로 살도록 이끄시는 것 같아요."

나늘

- 미사 때 듣는 말씀을 어떤 마음으로 받아들이고 있습니까?
- 미사의 말씀이 내 실생활에 연관된 적이 있습니까?

– 말씀대로 살아서 주님의 사랑 안에 머무른 적이 있습니까?

말씀

나자렛에서 희년을 선포하시다 (루카 4,16-22)

[4장]

[16] 예수님께서는 당신이 자라신 나자렛으로 가시어, 안식일에 늘 하시던 대로 회당에 들어가셨다. 그리고 성경을 봉독하려고 일어서시자, [17] 이사야 예언자의 두루마리가 그분께 건네졌다. 그분께서는 두루마리를 펴시고 이러한 말씀이 기록된 부분을 찾으셨다.

[18] "주님께서 나에게 기름을 부어 주시니

주님의 영이 내 위에 내리셨다.

주님께서 나를 보내시어

가난한 이들에게 기쁜 소식을 전하고

잡혀간 이들에게 해방을 선포하며

눈먼 이들을 다시 보게 하고

억압받는 이들을 해방시켜 내보내며

[19] 주님의 은혜로운 해를 선포하게 하셨다."

[20] 예수님께서 두루마리를 말아 시중드는 이에게 돌려주시고 자리에 앉으시니, 회당에 있던 모든 사람의 눈이 예수님을 주시하였다. [21] 예수님께서 그들에게 말씀하기 시작하셨다. "오늘 이 성경 말씀이

너희가 듣는 가운데에서 이루어졌다."²² 그러자 모두 그분을 좋게 말하며, 그분의 입에서 나오는 은총의 말씀에 놀라워하였다. 그러면서 "저 사람은 요셉의 아들이 아닌가?" 하고 말하였다.

새김

　복자 안트완 슈브리에 신부는 자신의 사제서품 10주년을 맞은 성탄절, 구유 앞에 꿇어앉아 강생의 신비를 묵상하다가 "나는 지금까지 이리 뛰고 저리 뛰며 나름대로 열심히 일해 왔지만 아무것도 한 것이 없다. … 예수 그리스도와 일치하지 않는 한 아무런 열매를 맺을 수 없다."라고 했다. 누구나 열심히 그리고 충실한 신자가 되기를 원하지만, 또 신앙생활을 열심히 하기를 원하지만 무조건 열심히 한다고 다 되는 것이 아니다. 바로 주 예수 그리스도의 이름으로 그리고 그분의 뜻대로 해야만 주님의 일이 되고 열매를 맺을 수 있는 것이다. 주님께서도 **"내가 스스로 말하지 않고, 나를 보내신 아버지께서 무엇을 말하고 무엇을 이야기할 것인지 친히 나에게 명령하셨기 때문이다. 나는 그분의 명령이 영원한 생명임을 안다. 그래서 내가 하는 말은 아버지께서 나에게 말씀하신 그대로 하는 말이다."**(요한 12,49-50)라고 하셨다. 우리의 신앙생활 역시 막연한 종교심을 가지고 그저 착하고 좋은 일을 하는 것만으로는 충분치 않다. 신앙생활이라는 것은 바로 주님께서 일러 주신 대로 하느님 아버지를 섬기고 이웃을 사랑하는 구체적인 활동으로 이루어진 삶이어야 한다. 그래서 우리는 주님의 뜻과 명령을 주님의 말씀인 복음에서 찾고 따르기 위해 연구한다. 미사 중 말씀 전례 안에서 우리는 구약과 신약에 이르는 하느님의 말씀을 듣고 그 말씀을 해설하는 강론을 통해, 우리가 지금 살면서 겪고 있는 문제를 하느님의 뜻에 비추어 구체적으로 어떻게 할 것인가를 깨닫게 된다.

전례 안에서 우리가 듣는 말씀은 주님의 말씀이며, 우리에게 **"영원한 생명"**(요한 12,50)을 주시는 주님, 바로 그분 자신이시다. 그러므로 우리에게 영원한 생명을 주는 이 말씀을 우리는 복음이라고 한다. 즉, 어떻게 해야 할지 모르는 우리에게 길을 가르쳐 주는 기쁜 소식인 것이다. 또한 말씀을 통해 주님이 어떤 분이고 무엇을 어떻게 하기를 바라시는지 알게 되고, 복음의 삶 속에서 주님을 만나게 해 준다. 그리고 주님의 말씀인 복음은 힘을 가지고 우리를 활동으로 이끈다. 복음 말씀은 우리 안에 머물러 계심에 만족하지 않고 우리로 하여금 가난한 이들에게 나아가도록 한다. 그리고 복음은 주님의 말씀이 이루어지기를 바라는 한 개인의 삶에 국한된 것이 아니라, 그를 통하여 공동체 모두에게 내려지는 축복으로 이어진다. **"전능하신 분께서 나에게 큰일을 하셨기 때문입니다. 그 자비가 아브라함과 그 후손에게 영원히 미칠 것입니다."**(루카 1,49ㄱ.55ㄴ)

"주님께서 나에게 기름을 부어 주시니 주님의 영이 내 위에 내리셨다. 주님께서 나를 보내시어 가난한 이들에게 기쁜 소식을 전하고…."(루카 4,18ㄱㄴ) 복음은 참으로 주님을 애타게 기다리는 이들에게 내려진 주님 사랑의 표현이다. 주님은 밤을 새워 일해야만 하는 목동들(루카 2,8)에게, 현실이라는 세상의 한계를 넘어 하늘로부터 구세주가 오시기를 별의 움직임을 바라보며 기다리던 동방 박사들(마태 2,2)에게 오신 하느님의 말씀이시다. "그분께서 당신 땅에 오셨"(요한 1,11ㄱ)고 "**말씀이 사람이 되시어 우리 가운데 사셨다.**"(요한 1,14) 예수님께서는 열두 사도를 파견하시면서 "**이스라엘 집안의 길 잃은 양들에게 가라.**"(마태 10,6)고 하셨다. 그리고 그분은 자신이 가난한 이들에게 가는 이유에 대해서 이렇게 대답하신다. "**건강한 이들에게는 의사가 필요하지 않으나 병든 이들에게는 필요하다. 나는 의인이 아니라 죄인을 부르러 왔다.**"(마르 2,17) 또한 "**사람의 아들은 잃은 이들을 찾아 구원하러 왔다.**"(루카 19,10)고 잘라 말씀하신다. 그리고 이 복음은 오늘 인생의 고비와 여정 중에서 길을 찾는 가난한 이들에게 주어지는 하늘나라이다. "**행복하여라, 마음이 가난한 사람들! 하늘나라가 그들의 것이다.**"(마태 5,3) 그러므로 우리는 미사 때 하늘나라에서 울려 퍼지는 주님의 말씀을 통해 "**길이요 진리요 생명**"(요한 14,6)이신 주님을 받아들이게 된다.

가난한 이들에게 가는 이 말씀은 "**잡혀간 이들에게 해방을 선포**"(루카 4,18ㄷ)하게 된다. 마리아의 노래를 보면, 가난한 이들에게 가난 때문에 오는 모든 어려움에서 해방되리라는 희망을 선포하고 있다. 그리고 자기가 가졌다는 사실 때문에 돈이나 물질 외에 다른 가치를 인정하지 않고 살아가는 부유한 이들에게는, 물질적인 풍요에 의지하려는 헛된 보호막과 안전망에서 해방되라고 외치고 있다. "그분의 자비는 대대로 당신을 경외하는 이들에게 미칩니다. 그분께서는 당신 팔로 권능을 떨치시어 마음속 생각이 교만한 자들을 흩으셨습니다. 통치자들을 왕좌에서 끌어내리시고 비천한 이들을 들어 높이셨으며 굶주린 이들을 좋은 것으로 배불리시고 부유한 자들을 빈손으로 내치셨습니다."(루카 1,50-53) 이러한 해방의 선포는 물질의 손아귀에서 벗어나 하느님의 모상을 지닌 인간이 승리하리라는 것을 알리는 산상 설교에서 더욱더 명쾌하게 드러난다. "예수님께서 눈을 들어 제자들을 보시며 말씀하셨다. '행복하여라, 가난한 사람들! 하느님의 나라가 너희 것이다. 행복하여라, 지금 굶주리는 사람들! 너희는 배부르게 될 것이다. 행복하여라, 지금 우는 사람들! 너희는 웃게 될 것이다. 그러나 불행하여라, 너희 부유한 사람들! 너희는 이미 위로를 받았다. 불행하여라, 너희 지금 배부른 사람들! 너희는 굶주리게 될 것이다. 불행하여라, 지금 웃는 사람들! 너희는 슬퍼하며 울게 될 것이다. 모든 사람이 너희를 좋게 말하면, 너희는 불행하다! 사실 그들의 조상들도 거짓 예언자들을 그렇게 대하였다.'"(루카 6,20-21.24-26) 우리는 실제로 이러한 해방이 예수님을 만난 예리코 지방의 세관장 자캐오에게서 이루어지는 것을 본다. "그것을 보고 사람들은 모두 '저이가 죄인의 집에 들어가 묵는군.' 하고 투덜거렸다. 그러나 자캐오는 일어서서 주님께 말하였다. '보십시오, 주님! 제 재산의 반을 가난한 이들에게 주겠습니다. 그리고 제가 다른 사람 것을 횡령하였다면 네 곱절로 갚겠습니다.' 그러자 예수님께서 그에게 이르셨다. '오늘 이 집에 구원이 내렸다. 이 사람도 아브라함의 자손이기 때문이다.'"(루카 19,7-9) 또한 부활하신 주님을 보고서야 믿는 토마스에게 당신 상처를 보여 주시자 토마스는 이성적인 사고에서 해방되어 "**저의 주님, 저의 하느님!**"(요한 20,28) 하고 대답하게 된다.

또한 "눈먼 이들을 다시 보게"(루카 4,18ㄹ) 한다. 주님은 "**나는 길이요 진리요 생명이다. 나를 통하지 않고서는 아무도 아버지께 갈 수 없다.**"(요한 14,6)고 하심으로써 영원한 생명에 이르는 길이 바로 당신이라고 선포하신다. 그리고 "**나를 본 사람은 곧 아버지를 뵌 것이다. 아버지와 나는 하나다.**"(요한 14,9ㄷ; 10,30)라는 말씀을 통해 당신의 길은 하느님께 나아가는 길이며, 당신께 나아가는 길이 아버지께 나아가는 길이라고 하신다. 또한 그 길로 나아가기 위해서는 "**하느님의 말씀을 듣고 지키는 이들이 오히려 행복하다.**"(루카 11,28)고 하시면서 하느님의 말씀을 지켜야 한다고 알려 주심으로써 영원한 생명으로 나아가는 길을 보도록 하신다. "그들이 죄에 관하여 잘못 생각하는 것은 나를 믿지 않기 때문이고, … 진리의 영께서 오시면 너희를 모든 진리 안으로 이끌어 주실 것이다. … 내 양들은 내 목소리를 알아듣는다. 나는 그들을 알고 그들은 나를 따른다. 나는 그들에게 영원한 생명을 준다."(요한 16,9.13; 10,27-28) 이렇게 생명으로 이르는 길을 당신 자신의 생애를 통해 제시하신다. 모든 것을 다 버리고 주님을 따른 제자들과 달리, 어려서부터 십계명을 다 지켰고 많은 재산을 가지고 있으면서도 행복하거나 자기 삶의 만족을 느끼지 못한 부자 청년에게 무엇이 문제인지 보게 해 준다. "**예수님께서는 그를 사랑스럽게 바라보시며 이르셨다. '너에게 부족한 것이 하나 있다. 가서 가진 것을 팔아 가난한 이들에게 주어라. 그러면 네가 하늘에서 보물을 차지하게 될 것이다. 그리고 와서 나를 따라라.' 그러나 그는 이 말씀 때문에 울상이 되어 슬퍼하며 떠나갔다. 그가 많은 재물을 가지고 있었기 때문이다.**"(마르 10,21-22) 이와 연관하여 "나는 이 세상을 심판하러 왔다. 보지 못하는 이들은 보고, 보는 이들은 눈먼 자가 되게 하려는 것이다. 너희가 눈먼 사람이었으면 오히려 죄가 없었을 것이다. 그러나 지금 너희가 '우리는 잘 본다.' 하고 있으니, 너희 죄는 그대로 남아 있다."(요한 9,39.41)고 하심으로써 단순히 눈먼 사람을 고쳐 보이게 해 주시는 것을 넘어 (영적으로 눈을 떠서) 영원한 생명을 향한 진리의 길을 보도록 하신다.

그리고 말씀은 "억압받는 이들을 해방시켜 내보"(루카 4,18ㄷ)낸다. 인간을 인간답게 살 수 없도록 짓누르는 위협과 제한 앞에서 주님의 말씀은 그 어느 것에도 구애받지 않고 살 수 있도록 해 준다. "너희가 내 말 안에 머무르면 참으로 나의 제자가 된다. 그러면 너희가 진리를 깨닫게 될 것이다. 그리고 진리가 너희를 자유롭게 할 것이다."(요한 8,31-32) 실제로 예수님은 당신 자신이 죽음의 공포 앞에서 아버지의 뜻을 확인함으로써 자유롭게 십자가를 선택하여 지시게 된다. "아빠! 아버지! 아버지께서는 무엇이든 하실 수 있으시니, 이 잔을 저에게서 거두어 주십시오. 그러나 제가 원하는 것을 하지 마시고 아버지께서 원하시는 것을 하십시오."(마르 14,36) 주님은 일찍이 베드로에게 말씀이신 주님을 믿음으로써 무서움과 그로 인한 혼란에서 헤어날 수 있다는 것을 알려 주셨다. "(베드로는) 거센 바람을 보고서는 그만 두려워졌다. 그래서 물에 빠져들기 시작하자, '주님, 저를 구해 주십시오.' 하고 소리를 질렀다. 예수님께서 곧 손을 내밀어 그를 붙잡으시고, '이 믿음이 약한 자야, 왜 의심하였느냐?' 하고 말씀하셨다."(마태 14,30-31)

이렇게 주님은 당신의 말씀을 듣는 이들에게 그 **"말씀을 이루심"**

(루카 4,21 참조)으로써 "주님의 은혜로운 해를 선포하게 하"(루카 4,19)신 아버지의 명을 완성하신다. 주님 친히 "너희가 나를 사랑하면 내 계명을 지킬 것이다."(요한 14,15) 하셨고, "누구든지 나를 사랑하면 내 말을 지킬 것이다. 그러면 내 아버지께서 그를 사랑하시고, 우리가 그에게 가서 그와 함께 살 것이다."(요한 14,23) 하셨다. 그러므로 은총으로 말미암아 영원한 생명에 이르는 현상인 주님과의 일치는, 말씀을 받아들여 실천함으로써 이루어진다고 알려 주셨다. 말씀을 듣고, 그 말씀을 자기 생애의 길이요 진리요 생명으로 받아들이고, 그 말씀대로 이루어지기를 바라는 이들["마리아가 말하였다. '보십시오. 저는 주님의 종입니다. 말씀하신 대로 저에게 이루어지기를 바랍니다.'"(루카 1,38); "내 주님의 어머니께서 저에게 오시다니 어찌 된 일입니까? 행복하십니다. 주님께서 하신 말씀이 이루어지리라고 믿으신 분!"(루카 1,43.45)]에게 주님은 또한 그 말씀을 이루게 해 주시고 언제 어디서나 함께해 주심으로써["내가 너희에게 명령한 모든 것을 가르쳐 지키게 하여라. 보라, 내가 세상 끝 날까지 언제나 너희와 함께 있겠다."(마태 28,20)] 그 말씀을 이룰 힘을 주신다["두려워하지 마라. 이제부터 너는 사람을 낚을 것이다."(루카 5,10ㄴ)].

아울러 우리는 주님과 온전히 일치하기 위해서 말씀을 이룰 힘을 성체성사에서 얻게 된다. "내가 생명의 빵이다. 나에게 오는 사람은 결코 배고프지 않을 것이며, 나를 믿는 사람은 결코 목마르지 않을 것이다. 살아 계신 아버지께서 나를 보내셨고 내가 아버지로 말미암아 사는 것과 같이, 나를 먹는 사람도 나로 말미암아 살 것이다."(요한 6,35.57) 그리고 성령께서는 우리가 말씀을 통해 주님의 뜻을 알고 성체성사를 통해 주님과 일치하여 그 뜻을 이룰 수 있도록 우리와 함께하시면서 우리를 이끄신다. "내가 아버지께 청하면, 아버지께서는 다른 보호자를 너희에게 보내시어, 영원히 너희와 함께 있도록 하실 것이다. 보호자, 곧 아버지께서 내 이름으로 보내실 성령께서 너희에게 모든 것을 가르치시고 내가 너희에게 말한 모든 것을 기억하게 해 주실 것이다."(요한 14,16.26)

이렇게 우리는 말씀 전례를 통해 성찬 전례에 들어갈 준비를 하게 되고 주님의 길을 찾아가게 된다. "어려서부터 성경을 잘 알고 있습니다. 성경은 그리스도 예수님에 대한 믿음을 통하여 구원을 얻는 지혜를 그대에게 줄 수 있습니다. 성경은 전부 하느님의 영감으로 쓰인 것으로, 가르치고 꾸짖고 바로잡고 의롭게 살도록 교육하는 데에 유익합니다. 그리하여 하느님의 사람이 온갖 선행을 할 능력을 갖춘 유능한 사람이 되게 해 줍니다."(2티모 3,15-17)

응답

- 시몬 베드로는 "주님, 저희가 누구에게 가겠습니까? 주님께는 영원한 생명의 말씀이 있습니다. 스승님께서 하느님의 거룩하신 분이라고 저희는 믿어 왔고 또 그렇게 알고 있습니다."(요한 6,68-69)라고 고백했습니다. 우리도 주님의 말씀에 우리의 인생을 걸

수 있습니까?

- "이것들을 기록한 목적은 예수님께서 메시아시며 하느님의 아드님이심을 여러분이 믿고, 또 그렇게 믿어서 그분의 이름으로 생명을 얻게 하려는 것이다."(요한 20,31)라고 요한 사도는 말했습니다. 주님께서 주시는 생명을 얻고 싶으십니까?

05

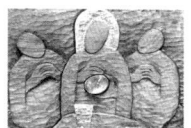 빵을 바치오니
생명의 양식이 되게

봉헌

빵의 봉헌

† 온 누리의 주 하느님, 찬미받으소서.
  주님의 너그러우신 은혜로 저희가 땅을 일구어 얻은
  이 빵을 주님께 바치오니 생명의 양식이 되게 하소서.
◎ 하느님, 길이 찬미받으소서.

포도주의 봉헌

† 온 누리의 주 하느님, 찬미받으소서.
  주님의 너그러우신 은혜로 저희가 포도를 가꾸어 얻은
  이 술을 주님께 바치오니 구원의 음료가 되게 하소서.
◎ 하느님, 길이 찬미받으소서.

느낌

어떤 사람들은 이렇게 말합니다.

"얼마나 바쳐야 하느님께서 기뻐하실까요?"

"봉헌이 하느님께 바치는 것인가요? 아니면 교회에 바치는 것인가요? 교회의 운영을 위해 바치는 것이라면 교회 운영비 정도만 내면 되는 것 아닌가요?"

또 어떤 사람들은 이렇게도 말합니다.

"봉헌 시간에는 하느님 대전에 나의 삶을 바친다고 생각하니 가장 뿌듯해요."

"봉헌하기 위해 제단 앞으로 한 걸음 한 걸음 나아갈 땐, 마치 내가 주님 대전에 나아가는 것만 같아요."

나눔

– 어떤 마음으로 무엇을 봉헌합니까?

말씀

아브라함이 이사악을 제물로 바치다(창세 22,1-18)

[22장]

¹ 이런 일들이 있은 뒤, 하느님께서 아브라함을 시험해 보시려고 "아브라함아!" 하고 부르시자, 그가 "예, 여기 있습니다." 하고 대답하였다. ² 그분께서 말씀하셨다. "너의 아들, 네가 사랑하는 외아들 이사악을 데리고 모리야 땅으로 가거라. 그곳, 내가 너에게 일러 주는 산에서 그를 나에게 번제물로 바쳐라." ³ 아브라함은 아침 일찍 일어나 나귀에 안장을 얹고 두 하인과 아들 이사악을 데리고서는, 번제물을 사를 장작을 팬 뒤 하느님께서 자기에게 말씀하신 곳으로 길을 떠났다. ⁴ 사흘째 되는 날에 아브라함이 눈을 들자, 멀리 있는 그곳을 볼 수 있었다. ⁵ 아브라함이 하인들에게 말하였다. "너희는 나귀와 함께 여기에 머물러 있어라. 나와 이 아이는 저리로 가서 경배하고 너희에게 돌아오겠다." ⁶ 그러고 나서 아브라함은 **번제물을 사를 장작을 가져다 아들 이사악에게 지우고**, 자기는 손에 불과 칼을 들었다. 그렇게 둘은 함께 걸어갔다. ⁷ 이사악이 아버지 아브라함에게 "아버지!" 하고 부르자, 그가 "얘야, 왜 그러느냐?" 하고 대답하였다. 이사악이 "불과 장작은 여기 있는데, 번제물로 바칠 양은 어디 있습니까?" 하고 묻자, ⁸ 아브라함이 "얘야, 번제물로 바칠 양은 하느님께서 손수 마련하실 거란다." 하고 대답하였다. 둘은 계속 함께 걸어갔다. ⁹ 그들이 하느님께서 아브라함에게 말씀하신 곳에 다다르자, 아브라함은 그곳에 제단을 쌓고 장작을 얹어 놓았다. 그러고 나서 아들 이사악을 묶어 제단 장작 위에 올려놓았다. ¹⁰ 아브라함이 손을 뻗쳐 칼을 잡고 자기 아들을 죽이려 하였다. ¹¹ 그때, 주님의 천사가 하늘에서 "아브라함아, 아브라함아!" 하고 그를 불

렀다. 그가 "예, 여기 있습니다." 하고 대답하자 [12] 천사가 말하였다. "그 아이에게 손대지 마라. 그에게 아무 해도 입히지 마라. 네가 너의 아들, 너의 외아들까지 나를 위하여 아끼지 않았으니, 네가 하느님을 경외하는 줄을 이제 내가 알았다." [13] 아브라함이 눈을 들어 보니, 덤불에 뿔이 걸린 숫양 한 마리가 있었다. 아브라함은 가서 그 숫양을 끌어와 아들 대신 번제물로 바쳤다. [14] 아브라함은 그곳의 이름을 '야훼 이레'라 하였다. 그래서 오늘도 사람들은 '주님의 산에서 마련된다.'고들 한다. [15] 주님의 천사가 하늘에서 두 번째로 아브라함을 불러 [16] 말하였다. "나는 나 자신을 걸고 맹세한다. 주님의 말씀이다. 네가 이 일을 하였으니, 곧 너의 아들, 너의 외아들까지 아끼지 않았으니, [17] 나는 너에게 한껏 복을 내리고, 네 후손이 하늘의 별처럼, 바닷가의 모래처럼 한껏 번성하게 해 주겠다. 너의 후손은 원수들의 성문을 차지할 것이다. [18] 네가 나에게 순종하였으니, 세상의 모든 민족들이 너의 후손을 통하여 복을 받을 것이다."

새김

예언자 엘리야 시대에 이스라엘 땅에 비도 이슬도 내리지 않았던 적이 있었다(1열왕 17,1 참조). 백성은 농사를 지어야 하는데 비가 오지 않으니 여러 가지 방법으로 기우제를 지냈다. 특별히 농사를 잘 짓게 해 준다던 '바알' 신에게까지 기우제를 지냈지만 비는 내리지 않았다. 그렇게 '**삼 년**'(1열왕 18,1)이 흘렀다. 그래서 엘리야가 백성들 앞에 나서서 말하였다. "여러분은 언제까지 양다리를 걸치고 절뚝거릴 작정입니까? 주님께서 하느님이시라면 그분을 따르고 바알이 하느님이라면 그를 따르십시오."(1열왕 18,21) 그리고 "엘리야는, 일찍이 '너의 이름은 이스라엘이다.'라는 주님의 말씀이 내린 야곱의 자손들 지파 수대로 돌을 열두 개 가져왔다. 엘리야는 그 돌들을 가지고 주님의 이름으로 제단을 쌓았다. 그리고 제단 둘레에는 곡식 두 스아가 들어갈 만한 도랑을 팠다. 그는 장작을 쌓은 다음, 황소를 토막 내어 장작 위에 올려놓았다. 그러고 나서 '물을 네 항아리에 가득 채워다가 번제물과 장작 위에 쏟으시오.' 하고 일렀다. 그런 다음에 그는 '두 번째도 그렇게 하시오.' 하고 말하였다. 그들이 두 번째도 그렇게 하자, 엘리야는 다시 '세 번째도 그렇게 하시오.' 하고 일렀다. 그들이 세 번째도 그렇게 하였을 때, 물이 제단 둘레로 넘쳐흐르고 도랑에도 가득 찼다."(1열왕 18,31-35) 그리고 나서야 엘리야는 기도를 바쳤다. "저에게 대답하여 주십시오, 주님! 저에게 대답하여 주십시오. 그리하여 주님, 이 백성이 당신이야말로 하느님이시며, 바로 당신께서 그들의 마음을 돌이키게 하셨음을 알게 해 주십시오."(1열왕 18,37)

　엘리야의 기적 이야기를 들으면서 우리가 봉헌과 연관하여 한 가지 기억해야 할 것이 있다. 엘리야가 기우제를 준비시키는 가운데 "물을 네 동이씩 세 번 제물 위에 부어 제단 주위로 넘쳐흘러 옆 도랑에 가득 괼" 정도까지 만들라는 내용이 나온다. 자, 삼 년이나 가뭄이 계속되었는데 물이 어디 있겠는가? 설령 남은 물이 있다 하더라도 다시 비가 내릴 때까지 고이고이 신주 모시듯이 아끼고 아껴야 할 물을 제물 위에 부으라니! 그것도 엘리야가 제단을 쌓을 때 이스라엘의 열두 지파를 상징하여 열두 개의 돌을 모았다면, 네 동이씩 세 번 부은 물은 이스라엘에 남은 물 모두를 주님께 바치라는 요구였다. 사람들은 뭐라고 했을까? 아깝고 불안해서 못 내놓는 이들에게 한 번 더, 한 번 더 하면서 결국 열두 지파의 것을 모두 바치라고 할 때 사람들의 반응은 어떠했을까? 신약에서도 행실 나쁜 여인 "마리아가 비싼 순 나르드 향유 한 리트라를 가져와서, 예수님의 발에 붓고 자기 머리카락으로 그 발을 닦아 드렸"(요한 12,3)을 때 "제자들 가운데 하나로서 나중에 예수님을 팔아넘길 유다 이스카리옷이 말하였다. '어찌하여 저 향유를 삼백 데나리온에 팔아 가난한 이들에게 나누어 주지 않는가?'"(요한 12,4-5) 만일 엘리야와 함께 하느님께 기우제를 드리는 이스라엘 사람들이 주 하느님이 참 하느님이심을 믿지 못했다면, 믿더라도 하늘에서 불이 내려와 제물을 태워 물마저 다 말라 버릴 줄 알고 아까워했더라면 엘리야의 지시대로 물을 주님 대전에 가져다 부을 수 있었을까? ["그(유다)가 이렇게 말한 것은, 가난한 이들에게 관심이 있어서가 아니라 도둑이었기 때문이다. 그는 돈주머니를 맡고 있으면서 거기에 든 돈을 가로채곤 하였다."(요한 12,6 참조)] 주님은 당신을 믿고 자신의 모든 것을 바친 이스라엘에게 필요한 것을 베풀어 주셨다. "큰비가 내리기 시작하였다."(1열왕 18,45)

이러한 봉헌 자세는 열왕기 상권 17장에 나오는 시돈 지방의 사렙타 과부에게서도 드러난다. 가뭄 중에 엘리야가 과부에게 물과 빵 한 조각을 달라고 하자 "주 어르신의 하느님께서 살아 계시는 한, 구운 빵이라고는 한 조각도 없습니다. 다만 단지에 밀가루 한 줌과 병에 기름이 조금 있을 뿐입니다. 저는 지금 땔감을 두어 개 주워다가 음식을 만들어, 제 아들과 함께 그것이나 먹고 죽을 작정입니다."(1열왕 17,12)라고 답한다. 그런데도 그것으로 음식을 만들어 내놓으라고 하자 "그 여인은 가서 엘리야의 말대로 하였다. 과연 그 여자와 엘리야와 그 여자의 집안은 오랫동안 먹을 것이 있었다."(1열왕 17,15)

우리는 창세기 22장을 통해 미사 전례에 드러난 봉헌의 전형적인 모습을 아브라함이 하느님의 명대로 그의 아들 이사악을 바치는 장면에서 찾아볼 수 있다. 100세에 얻은 외아들 이사악을 바치는 아브라함(5절)의 믿음 안에서 우리는 하느님께 대한 아들 예수님의 믿음을 발견한다. 또한 **번제물을 사를 장작을 가져다 등에 지고**(6절 참조) 야훼이레로 올라가는 이사악의 모습에서 예수님의 모습을 발견한다. 인간을 구원하기 위하여 스스로 제물이 되어 인류의 죄를 짊어지고 골고타로 올라가시는 주님의 모습! 그리고 인간에게는 너무도 소중한 자식이라는 존재, 그 아들을 제물로 바치기를 원치 않으셨던 하느님께서, 인간을 구하기 위해서는 당신의 아들을 십자가상의 제물로 삼기까지 하시는 바로 그 사랑! 이것이 봉헌을 가능케 하는 주님의 사랑이다. 예수님은 **"제 뜻이 아니라 아버지의 뜻이 이루어지게 하십시오."**(루카 22,42) 하면서 자신의 목숨을 바치셨다. 그리고 예수님은 단순히 아버지의 명령이기 때문에 마지못해 하신 것이 아니라, 아버지의 뜻이 정말로 옳은 것이기에 자신을 일치시킴으로써 아버지의 뜻을 완전히 이루셨다. "그때에 예수님께서 말씀하셨다. '아버지, 저들을 용서해 주십시오. 저들은 자기들이 무슨 일을 하는지 모릅니다.'"(루카 23,34ㄱ) 하느님 아버지께 향한 아들 예수의 전폭적인 지지와 신뢰, 그리고 그 희생 제사는 우리를 구원하였다. 그것이 바로 오늘 우리가 매일 드리는 '미사'라는 희생 제사이며, 미사 봉헌의 의미이자 본질이다. 그리고 이 봉헌은 죽음으로 그치지 않는, 아니 그칠 수도 없는 부활의 영광을 향한 희생 제사이며 구원의 십자가이다.

주님을 따르는 이러한 봉헌이 이웃을 구원한다. "나는 나 자신을 걸고 맹세한다. 주님의 말씀이다. 네가 이 일을 하였으니, 곧 너의 아들, 너의 외아들까지 아끼지 않았으니, 나는 너에게 한껏 복을 내리고, 네 후손이 하늘의 별처럼, 바닷가의 모래처럼 한껏 번성하게 해 주겠다. 너의 후손은 원수들의 성문을 차지할 것이다. 네가 나에게 순종하였으니, 세상의 모든 민족들이 너의 후손을 통하여 복을 받을 것이다."(창세 22,16-18)

이제 봉헌의 시간이다. 어떻게 하겠는가? 세상 문제들을 우리가 다 감당할 수 없다고 생각하기 때문에 지금 눈앞에 닥친 우리가 할 수 있는 작은 것 하나도 제대로 응답하지 않고, 우리가 섣불리 응답한다고 해결되는 것도 아니기에 스스로 알아서 살아 나가도록 내버려 두어야 한다고 합리적인 이성을 앞세워 강변하며, 엄두도 나지 않고 어찌해야 할지 몰라서 오늘도 부담 속에서 자신을 애써 합리화하며 지나치려는가? "저마다 조금씩이라도 받아먹게 하자면 이

백 데나리온어치 빵으로도 충분하지 않겠습니다."(요한 6,7) "여기는 외딴곳이고 시간도 이미 지났습니다. 그러니 군중을 돌려보내시어, 마을로 가서 스스로 먹을거리를 사게 하십시오."(마태 14,15)

아니면 매일 나와 우리 가족 먹을 것조차 넉넉하지 못하지만 "이 것이라도 써 주십시오." 하며 바치겠는가? "주님께로부터 받은 것 주님께 다시 드리오니 써 주십시오." 하는 마음으로 바치는 우리의 봉헌은 하늘나라를 이룬다. "'여기 보리빵 다섯 개와 물고기 두 마리를 가진 아이가 있습니다만, 저렇게 많은 사람에게 이것이 무슨 소용이 있겠습니까?' 예수님께서는 빵을 손에 들고 감사를 드리신 다음, 자리를 잡은 이들에게 나누어 주셨다. 물고기도 그렇게 하시어 사람들이 원하는 대로 주셨다. 사람들이 보리빵 다섯 개를 먹고 남긴 조각으로 열두 광주리가 가득 찼다."(요한 6,9.11.13) 그러므로 "여러분도 살아 있는 돌로서 영적 집을 짓는 데에 쓰이도록 하십시오. 그리하여 하느님 마음에 드는 영적 제물을 예수 그리스도를 통하여 바치는 거룩한 사제단이 되십시오."(1베드 2,5)

응답

- 주님 대전에 무엇을 바치렵니까?
- 오늘 내 일상에서 주님께서 원하시는 제물은 무엇이라고 생각합니까?

06

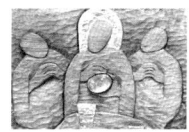 감사기도

감사기도

"사제가 담당하는 부분 가운데에서 미사 거행 전체의 절정을 이루는 감사기도가 첫자리를 차지한다. 그 다음에 모음 기도라고 하는 본기도, 예물 기도, 영성체 후 기도가 따른다. 이 기도들은 그리스도를 대신하여 회중을 이끄는 사제가 거룩한 백성 전체와 모든 참석자의 이름으로 하느님께 바치는 기도다. 그래서 마땅하게 '주례자의 기도'라고 한다."(『미사 경본 총지침』, 30항, 한국 천주교 주교회의, 2009)

"이제 미사 거행 전체의 중심이며 정점인 감사 기도가 시작된다. 이 기도는 감사와 축성의 기도다. 사제는 백성에게 기도와 감사로 주님께 마음을 들어 올리도록 초대하고, 자신의 기도에 백성을 참여시켜 공동체 전체의 이름으로 예수 그리스도를 통하여 성령 안에서 하느님 아버지께 기도를 바친다. 이 기도의 뜻은 신자 회중이 모두 그리스도와 일치하여 하느님의 위대하신 업적을 찬양하며 제사를 봉헌하는 데에 있다. 감사기도는 모두 존경심을 지니고 침묵 가운데 귀담아들어야 한다."(「미사 경본 총지침」, 78항, 한국 천주교 주교회의, 2009)

느낌

어떤 사람들은 이렇게 말합니다.

"하느님께 감사드리고 자시고 할 게 뭐 있어요? 그냥 그렇게 사는 건데. 지금보다 더 나빠질 것도 없는데."

"하느님이 지금까지 나에게 해 준 것은 없어요. 남들은 그나마 행복하게 살기나 하는데, 난 그렇지도 못하잖아요."

"내가 지금까지 이렇게 나름대로 살려고 발버둥치고, 열심히 노력했는데 하느님께서 도와주신 것이 뭡니까?"

또 어떤 사람들은 이렇게도 말합니다.

"정말 매일 매 순간 하느님께 감사드려요."

"살다 보면 순간순간 하느님께서 나를 지켜 주시고, 내가 하느님의 사랑을 받고 있다는 것을 느끼게 돼요."

"주님의 말씀을 지키려고 하면, 주님께서 정말 나를 도와주신다는 것을 느껴요."

나눔

– 어떤 면에서 하느님께 감사드립니까?

말씀

대사제의 기도(요한 17,1-26)

[17장]

¹ 예수님께서는 이렇게 이르시고 나서 하늘을 향하여 눈을 들어 말씀하셨다. "아버지, 때가 왔습니다. 아들이 아버지를 영광스럽게 하도록 아버지의 아들을 영광스럽게 해 주십시오. ² **아버지께서는 아들이 아버지께서 주신 모든 이에게 영원한 생명을 주도록 아들에게 모든 사람에 대한 권한을 주셨습니다.** ³ 영원한 생명이란 홀로 참 하느님이신 아버지를 알고 아버지께서 보내신 예수 그리스도를 아는 것입니다. ⁴ 아버지께서 저에게 하라고 맡기신 일을 완수하여, 저는 땅에서 아버지를 영광스럽게 하였습니다. ⁵ 아버지, 세상이 생기기 전에 제가 아버지 앞에서 누리던 그 영광으로, 이제 다시 아버지 앞에서 저를 영광스럽게 해 주십시오."

⁶ "아버지께서 세상에서 뽑으시어 저에게 주신 이 사람들에게 저는 아버지의 이름을 드러냈습니다. 이들은 아버지의 사람들이었는데 아버지께서 저에게 주셨습니다. 그래서 이들은 아버지의 말씀을 지

켰습니다. ⁷ 이제 이들은 아버지께서 저에게 주신 모든 것이 아버지에게서 왔다는 것을 알고 있습니다. ⁸ 아버지께서 저에게 주신 말씀을 제가 이들에게 주고, 이들은 또 그것을 받아들였기 때문입니다. 그리하여 이들은 제가 아버지에게서 나왔다는 것을 참으로 알고, 아버지께서 저를 보내셨다는 것을 믿게 되었습니다. ⁹ 저는 이들을 위하여 빕니다. 세상을 위해서가 아니라 아버지께서 저에게 주신 이들을 위하여 빕니다. 이들은 아버지의 사람들이기 때문입니다. ¹⁰ 저의 것은 다 아버지의 것이고 아버지의 것은 제 것입니다. 이 사람들을 통하여 제가 영광스럽게 되었습니다. ¹¹ 저는 더 이상 세상에 있지 않지만 이들은 세상에 있습니다. 저는 아버지께 갑니다. 거룩하신 아버지, 아버지께서 저에게 주신 이름으로 이들을 지키시어, 이들도 우리처럼 하나가 되게 해 주십시오. ¹² 저는 이들과 함께 있는 동안, 아버지께서 저에게 주신 이름으로 이들을 지켰습니다. 제가 그렇게 이들을 보호하여, 성경 말씀이 이루어지려고 멸망하도록 정해진 자 말고는 아무도 멸망하지 않았습니다. ¹³ 이제 저는 아버지께 갑니다. 제가 세상에 있으면서 이런 말씀을 드리는 이유는, 이들이 속으로 저의 기쁨을 충만히 누리게 하려는 것입니다. ¹⁴ 저는 이들에게 아버지의 말씀을 주었는데, 세상은 이들을 미워하였습니다. 제가 세상에 속하지 않은 것처럼 이들도 세상에 속하지 않기 때문입니다. ¹⁵ 이들을 세상에서 데려가시라고 비는 것이 아니라, 이들을 악에서 지켜 주십사고 빕니다. ¹⁶ 제가 세상에 속하지 않은 것처럼 이들도 세상에 속하지 않습니다. ¹⁷ 이들을 진리로 거룩하게 해 주십시오. 아버지의 말씀이 진리입니다. ¹⁸ 아버지께서 저를 세상에 보내신 것처럼 저도 이들을 세상에 보냈습니다. [19] 그리고 저는 이들을 위하여 저 자신을 거룩하게 합니다. 이들도 진리로 거룩해지게 하려는 것입니다.

[20] 저는 이들만이 아니라 이들의 말을 듣고 저를 믿는 이들을 위해서도 빕니다. [21] 그들이 모두 하나가 되게 해 주십시오. 아버지, 아버지께서 제 안에 계시고 제가 아버지 안에 있듯이, 그들도 우리 안에 있게 해 주십시오. 그리하여 아버지께서 저를 보내셨다는 것을 세상이 믿게 하십시오. [22] 아버지께서 저에게 주신 영광을 저도 그들에게 주었습니다. 우리가 하나인 것처럼 그들도 하나가 되게 하려는 것입니다. [23] 저는 그들 안에 있고 아버지께서는 제 안에 계십니다. 이는 그들이 완전히 하나가 되게 하려는 것입니다. 그리고 아버지께서 저를 보내시고, 또 저를 사랑하셨듯이 그들도 사랑하셨다는 것을 세상이 알게 하려는 것입니다. [24] 아버지, 아버지께서 저에게 주신 이들도 제가 있는 곳에 저와 함께 있게 되기를 바랍니다. 세상 창조 이전부터 아버지께서 저를 사랑하시어 저에게 주신 영광을 그들도 보게 되기를 바랍니다. [25] 의로우신 아버지, 세상은 아버지를 알지 못하였지만 저는 아버지를 알고 있었습니다. 그들도 아버지께서 저를 보내셨다는 것을 알게 되었습니다. [26] 저는 그들에게 아버지의 이름을 알려 주었고 앞으로도 알려 주겠습니다. 아버지께서 저를 사랑하신 그 사랑이 그들 안에 있고 저도 그들 안에 있게 하려는 것입니다.

새김

　어떤 사람들은 하느님께 감사할 것이 없다고 한다. 그리고 경우에 따라서는 감사보다는 원망이 앞선다고도 한다. 그런데 많은 사람들은 자기가 하고 싶은 것과 가지고 싶은 것이 잘 이루어지면 하느님이 도와주셨다고 생각하고, 자기의 뜻대로 되지 않을 경우에는 하느님이 자기를 버렸다고 생각한다. 하느님이 아무리 영적인 분이라고 하더라도, 사람이 사는 데 도움이 되지 않으면 무슨 소용이 있느냐고 반문한다. 그리고 돈을 더 벌고 물질적으로 풍요하면 할수록 좋은 것이고 하느님이 도와주셨다고 생각한다. 그런데 좀 더 깊이 다른 관점에서 생각해 보자. 장사가 잘되면 잘될수록 거기서 일하는 사람은 바빠질 대로 바빠져서 자신의 건강도 버리고, 집안이나 이웃 관계도 신경 쓰지 못한 채 장사에만 매달려야 하는데 그런 것은 고려하지 않는다. 그리고 그렇게 되는 것이 인간답게 살기는 커녕 일과 돈의 노예가 되는 것인데도 그런 상황을 수치스럽게 여기거나 거기서 벗어날 생각을 하는 것이 아니라, 경우에 따라서는 그것을 자랑으로 삼기도 하고 당연하게 여기기도 한다. 심지어 다른 사람들도 그러한 처지에 놓인 사람을 보고 안타깝게 생각하는 것이 아니라 부러워하기까지 한다.

　이러한 인간의 사고와 행동 방식은 현실적이다 못해 물질적이다. 그리고 그 배경은 지나치게 자기중심적이며 이기적이다. 다만 장사가 잘돼 돈이 잘 벌려야 하느님이 도와주신 것이고 그런 의미에서 하느님이 계신 것이다. 그래서 경우에 따라서는 자신의 현실적인 이해관계 안에서 종교를 선택하거나 바꾸기도 하면서, 자기에게 이익이 되는 하느님을 찾고 관계를 맺고자 하는 사람도 있다. 때문에 그 반대 현상이 일어나면, 하느님은 의미 없고 필요 없다고 생각한다. 아니, 그런 하느님은 결코 하느님이 아니며 오히려 죽어 마땅한 것이다. 바로 이 모습을 우리는 십자가에 못 박히신 예수님 안에서 발견한다. 내가 하고 싶고 가지고 싶은 것을 해결해 주시는 분이라면 하느님이고 주님이지만, 그렇지 못하거나 나에게 손해라도 끼칠 양이면 그분은 하느님이 아니며 내 뜻을 망치기 때문에 마땅히 제거되어야 할 대상일 뿐이다. 나에게 이익이 되는 한에 있어서만 내 하느님! 하지만 그런 식으로 하느님이 한 개인이나 집단 또는 한 민족이나 인종의 이해관계 속에 있다면, 그 하느님은 그들의 수호신이거나 그들이 만들어 낸 우상일 수는 있어도 하느님은 아니다.

어떤 신관을 가졌느냐에 따라 그 신을 믿는 이들의 삶이 바뀐다. 신관, 즉 하느님은 누구시며 자기에게 어떻게 해 주기를 기대하느냐에 따라, 그리고 하느님과 어떤 관계를 맺느냐에 따라 이웃을 대하는 자세가 달라진다. 자신들의 이해관계에 따라 하느님을 섬긴다면 그들은 이웃도 이해관계 안에서만 바라볼 것이다. 그래서 그들은 자기들과 같거나 적어도 자기들에게 피해를 안 끼치는 한에 있어서의 (나와 같은) '너'는 존재할 수 있을지 몰라도, 나를 반대하거나 나에게 손해를 끼치는 '너'는 있을 수도 없고 용납하지 않을 것이다. 이는 부족들이 서로의 이익을 위해 싸웠던 옛날이야기가 아니다. 오늘날 외국인 노동자들을 포함하여 종교와 문화, 그 밖의 사상이 다른 사람들에 대한 우리의 차별과 거부로 드러나고 있다.

지금까지 우리가 바라본 것처럼 '하느님께 드리는 감사'와 '형제들과 맺는 일치'는 깊은 함수관계에 있다. 즉, 하느님께 감사드리는 사람들의 행위는 형제들과 일치하고자 하는 현상으로 드러난다. 마치 십자가의 수직선과 수평선과도 같다. 한편, 하느님께 드리는 감사는 인간이 자기중심적인 관점에서 출발할 때 애증의 번복과 혼란 속에 놓이게 될 것이다. 왜냐하면 세상의 주인이 인간이라면 인간의 뜻대로 이루어지겠지만, 인간이 주인이 아니므로 인간 마음대로 되지 않기 때문이다. 또한 세상의 주인마저 죽이는 동료 인간들과 함께 살다 보면 더욱 그렇다. 그러므로 사고하고 행동하는 주체로서의 인간에게는 자기 뜻대로 이루어지지 않는 세상과 그런 세상의 주인에게 갖는 감정이 다분히 혼란스러울 것이다. 인간이 자신의 뜻을 하느님의 뜻에 일치시키지 않는다면, 그는 사랑을 느끼고 감사를 드리기가 참 어려울 것이다. 만의 하나라도 인간의 뜻이 하느님의 뜻 안에 있다면 다행스럽겠지만….

사도 요한은 "**그 사랑은 이렇습니다. 우리가 하느님을 사랑한 것이 아니라, 그분께서 우리를 사랑하시어**"(1요한 4,10ㄱ)라고 했다. 우리가 인간 중심적인 사고와 행동 방식에서 벗어나 하느님 중심으로 변화된다면, 보다 쉽게 하느님께 감사드리고 하느님의 사랑을 가슴 가득 느낄 수 있으며 받아들일 수 있을 것이다. 하느님은 우리가 생명을 달라고 청한 적도 없는데 우리에게 당신 생명을 나누어 주셨고, 부모와 가족을 주셨으며, 이웃과 자연을 주셨다. 우리는 하느님께서 주변에 있는 모든 것을 우리에게 선물로 주셨다는 것을 아주 쉽게 알아차리게 될 것이다. 뿐만 아니라 '나'와 나라고 말할 수 있는 또 다른 나인 '너'와 '우리'가 맺는 불완전한 관계 때문에 오는 모든 죄악마저 없애기 위해 하느님께서는 "당신의 아드님을 우리 죄를 위한 속죄 제물로 보내 주"(1요한 4,10ㄴ)셨다. 그리고 이렇게 감사를 드릴 수 있는 우리는 영원한 생명을 사는 것이다. "**영원한 생명이란 홀로 참하느님이신 아버지를 알고 아버지께서 보내신 예수 그리스도를 아는 것입니다.**"(요한 17,3) 이 영원한 생명은 아버지께서 "아들이 아버지께서 주신 모든 이에게 영원한 생명을 주도록 아들에게 모든 사람에 대한 권한을 주"(요한 17,2)신 것이다.

오늘날 각 민족과 국가들은 경제와 체제상의 국경선을 긋고 자신의 이익을 위해 상대를 적대시하도록 요구하고 있다. 우리가 세상을 분열과 죄악으로 내모는 일에 가세하면 악의 세력에 속하게 될 것이다. 그리고 우리는 악이 파 놓은 함정에 빠져 인류 공동체의 안위와 관계없이 자신만 편하고 더 잘살기 위해서 스스로의 인간성과 이웃과의 관계를 파멸시키게 될 것이다. 그래서 주님께서는 우리를 위해 이렇게 기도하셨다. "**저는 이들에게 아버지의 말씀을 주었는데, 세상은 이들을 미워하였습니다. 제가 세상에 속하지 않은 것처럼 이들도 세상에 속하지 않기 때문입니다. 이들을 세상에서 데려가시라고 비는 것이 아니라, 이들을 악에서 지켜 주십사고 빕니다.**"(요한 17,14-15) 그래서 우리는 악이 지배하는 현실에서 죽음으로, 실패로 끝날 것만 같은 주님의 희생 제사를 다시 우리의 몸으로 바친다. "**저는 이들을 위하여 저 자신을 거룩하게 합니다. 이들도 진리로 거룩해지게 하려는 것입니다.**"(요한 17,19; 공동 번역은 다음과 같다.

"내가 이 사람들을 위하여 이 몸을 아버지께 바치는 것은 이 사람들도 참으로 아버지께 자기 몸을 바치게 하려는 것입니다.")

그런데 만일 우리가 자기중심적인 인간의 본능과 그것을 더욱더 부정적인 방향으로 자극하고 파멸시키려고 기승을 부리는 악의 유혹을 극복하고 이기적인 이해관계를 훌훌 벗어 버릴 수 있다면, 우리는 하나가 될 수 있을 것이다. 어떻게 그리고 무엇을 향해 하나가 될 수 있겠는가? 그것도 서로 비슷한 마음과 같은 이해관계 속에 있는 사람들끼리 더 좋은 이익을 추구하기 위해서 담합한 것이 아니라면, 무엇 때문에? 그리고 누구의 입장과 의견에 동조하고 일치할 수 있겠는가? 우리는 자신의 이해관계를 떠나 우리의 구원을 위해 목숨을 바침으로써 아버지 하느님과 같이 거룩하게 되신 우리의 주님, 또 그러셨기에 한 개인이 아니라 모두에게 보편적이고 공번된 영생의 길을 제시해 주시는 주님과 일치할 것이다. 그리고 주님과 그분의 사도들에 의해, 사도들로부터 사도들에게로 이어져 내려온 주님의 교회 안에서 우리가 감사드리는 하느님과 예수님, 우리 주님의 이름으로 일치할 것이다.

우리는 이렇게 주님께 감사드리고 주님과 같은 마음으로, 같은 사랑으로, 같은 자세로 일치함으로써 주님으로부터 영원한 생명을 얻어 누리고 그 영원한 생명을 이웃 형제들과 나눌 것이다. "**그들이 모두 하나가 되게 해 주십시오. 아버지, 아버지께서 제 안에 계시고 제가 아버지 안에 있듯이, 그들도 우리 안에 있게 해 주십시오. 그리하여 아버지께서 저를 보내셨다는 것을 세상이 믿게 하십시오.**" (요한 17,21) 이러한 주님과 같은 마음으로 주님 안에서 맺는 형제들과의 일치는 우리가 주님으로부터 사랑을 받았기 때문에 가능한 것이며 또한 사랑을 나누기 위해 일치하는 것이다. "**우리가 사랑하는 것은 그분께서 먼저 우리를 사랑하셨기 때문입니다. 누가 '나는 하느님을 사랑한다.' 하면서 자기 형제를 미워하면, 그는 거짓말쟁이입니다. 눈에 보이는 자기 형제를 사랑하지 않는 사람이 보이지 않는 하느님을 사랑할 수는 없습니다.**"(1요한 4,19-20)

그리고 이러한 일치를 통한 사랑을 가져다주시고 그 사랑을 이룰 수 있도록 해 주시는 분은 성령이시다. "**하느님께서는 우리에게 당신의 영을 나누어 주셨습니다. 우리는 이 사실로 우리가 그분 안에 머무르고 그분께서 우리 안에 머무르신다는 것을 압니다. 하느님께서 우리에게 베푸시는 사랑을 우리는 알게 되었고 또 믿게 되었습니다. 하느님은 사랑이십니다. 사랑 안에 머무르는 사람은 하느님 안에 머무르고 하느님께서도 그 사람 안에 머무르십니다.**"(1요한 4,13.16) 그래서 성령은 주님이 원하셨던 것처럼 우리가 **아버지의 말씀인 진리를 위해 몸 바쳐** 거룩하게(요한 17,17 참조) 되도록, 그리하여 주님과 "**하나가 되**"(요한 17,21)어 형제들에게 가도록 이끄신다.

예수님은 광야에서 40주야를 단식하시고 나서 돌을 빵으로 만들어 먹고 배고픔을 해결하라는 악마의 주문(마태 4,1-4 참조)을 거절하셨다. 그러나 주님은 주님 앞에 모인 배고픈 사람들을 먹이기 위해 기적을 베푸신다. 그리고 아버지께서 사람들을 사랑하신다는 것을 드러내기 위해 이런 기적을 베풀 수 있는 권한을 자신에게 주신 아버지 하느님께 감사의 기도를 드리신다. "**예수님께서는 빵을 손에**

들고 감사를 드리신 다음, 자리를 잡은 이들에게 나누어 주셨다. 물고기도 그렇게 하시어 사람들이 원하는 대로 주셨다."(요한 6,11) 그리고 예수님은 이렇게 사람을 살리도록 생명의 권한을 주신 아버지의 뜻에 자신의 행동을 맞춤으로써 아버지와 일치하여 그 권한을 사용하신다. 주님은 죽은 라자로를 다시 살리기 위해, 또 그렇게 됨으로써 아버지의 영광이 드러나도록 하기 위해 아버지께 기도하셨다. "'아버지, 제 말씀을 들어주셨으니 아버지께 감사드립니다. 아버지께서 언제나 제 말씀을 들어주신다는 것을 저는 알고 있습니다. 그러나 이렇게 말씀드린 것은, 여기 둘러선 군중이 아버지께서 저를 보내셨다는 것을 믿게 하려는 것입니다.' 예수님께서는 이렇게 말씀하시고 나서 큰 소리로 외치셨다. '라자로야, 이리 나와라.'"(요한 11,41ㄴ-43) 그러므로 사람을 살리려는 하느님의 사랑이라는 측면에서, 아들에게 주신 아버지의 권한과 아버지께 드리는 예수님의 감사는 동전의 양면과 같다. '하느님의 사랑'이라는 동전, 그리고 사랑으로 하나 됨.

이렇게 아버지의 말씀인 진리, 곧 아버지께서 사람들을 구원하기 위해 예수님의 몸을 바치라고 하신 말씀대로 예수님이 십자가상에서 죽으신 것이 성체성사이다. 하느님께 감사드림으로써 하느님의 말씀을 이룬 것이 성체성사이다. 이런 면에서 감사기도와 성체성사는 하나이다. 우리는 미사의 감사기도를 통해 성체성사를 드리고, 주님의 몸과 피를 모시게 된다. 그리고 성체성사를 통해 주님께 감사드리고, 아버지께서 주님을 사랑하셨기 때문에 당신의 권한을 모두 주시면서 주님을 세상에 보내신 것같이, 우리도 주님의 사랑 안에서 세상의 형제들에게로 나아가게 된다. "의로우신 아버지, 세상은 아버지를 알지 못하였지만 저는 아버지를 알고 있었습니다. 그들도 아버지께서 저를 보내셨다는 것을 알게 되었습니다. 저는 그들에게 아버지의 이름을 알려 주었고 앞으로도 알려 주겠습니다. 아버지께서 저를 사랑하신 그 사랑이 그들 안에 있고 저도 그들 안에 있게 하려는 것입니다."(요한 17,25-26) 그럼으로써 우리는 주님의 이름으로 또 하나의 성체성사가 되는 것이다. 세상에 파견된 성체성사. 세상에 파견된 하느님의 자녀. 하느님의 사랑이란 권한을 받고 사람들을 살리기 위해 자신을 바치는 하느님의 성체성사인 우리 하느님의 자녀!

응답

- 주님께서 베풀어 주신 모든 은혜에 대해 어떻게 감사드리고 있습니까?
- 주님의 감사기도를 통해 성체성사를 영하며, 구체적으로 어느 영혼을 구하고자 합니까?

07

 너희는 모두
이것을 받아먹어라

실체 변화!

"너희는 모두 이것을 받아먹어라. 이는 너희를 위하여 내어 줄 내 몸이다."

느낌

어떤 사람들은 이렇게 말합니다.

"어떻게 빵이 예수님의 몸이 된다는 건지, 도무지 이해가 안 가요."

"예수님의 몸을 모시면 뭐가 달라지나요? 무슨 영양소를 섭취하는 것 같은 느낌을 갖게 되나요?"

또 어떤 사람들은 이렇게도 말합니다.

"미사를 드리다 보면 왠지 모르게 편안해지고 깊어지는 것만 같아요."

"미사에서 성체성사를 이룰 땐 주체할 수 없을 정도로 가슴이 벅차오르곤 해요."

"정말 예수님밖엔 청할 데가 없어요. 아마 예수님이 우리에게 당신의 몸까지 몽땅 다 주시는 주님이라 그런가 봐요."

나눔

– 주님은 우리에게 무엇을 주십니까?

말씀

생명의 빵(요한 6,26-40.47-59.66-69)

[6장]

²⁶ 예수님께서 그들에게 대답하셨다. "내가 진실로 진실로 너희에게 말한다. 너희가 나를 찾는 것은 표징을 보았기 때문이 아니라 빵을 배불리 먹었기 때문이다. ²⁷ 너희는 썩어 없어질 양식을 얻으려고 힘쓰지 말고, 길이 남아 영원한 생명을 누리게 하는 양식을 얻으려

고 힘써라. 그 양식은 사람의 아들이 너희에게 줄 것이다. 하느님 아버지께서 사람의 아들을 인정하셨기 때문이다." [28] 그들이 "하느님의 일을 하려면 저희가 무엇을 해야 합니까?" 하고 묻자, [29] 예수님께서 그들에게 대답하셨다. "하느님의 일은 그분께서 보내신 이를 너희가 믿는 것이다." [30] 그들이 다시 물었다. "그러면 무슨 표징을 일으키시어 저희가 보고 선생님을 믿게 하시겠습니까? 무슨 일을 하시렵니까? [31] '그분께서는 하늘에서 그들에게 빵을 내리시어 먹게 하셨다.'는 성경 말씀대로, 우리 조상들은 광야에서 만나를 먹었습니다." [32] 예수님께서 그들에게 이르셨다. "내가 진실로 진실로 너희에게 말한다. 하늘에서 너희에게 빵을 내려 준 이는 모세가 아니다. 하늘에서 너희에게 참된 빵을 내려 주시는 분은 내 아버지시다. [33] **하느님의 빵은 하늘에서 내려와 세상에 생명을 주는 빵이다."**

[34] 그들이 예수님께, "선생님, 그 빵을 늘 저희에게 주십시오." 하자, [35] 예수님께서 그들에게 이르셨다. "**내가 생명의 빵이다. 나에게 오는 사람은 결코 배고프지 않을 것이며, 나를 믿는 사람은 결코 목마르지 않을 것이다.** [36] 그러나 내가 이미 말한 대로, 너희는 나를 보고도 나를 믿지 않는다. [37] 아버지께서 나에게 주시는 사람은 모두 나에게 올 것이고, 나에게 오는 사람을 나는 물리치지 않을 것이다. [38] 나는 내 뜻이 아니라 나를 보내신 분의 뜻을 실천하려고 하늘에서 내려왔기 때문이다. [39] 나를 보내신 분의 뜻은, 그분께서 나에게 주신 사람을 하나도 잃지 않고 마지막 날에 다시 살리는 것이다. [40] 내 아버지의 뜻은 또, 아들을 보고 믿는 사람은 누구나 영원한 생명을 얻는 것이다. 나는 마지막 날에 그들을 다시 살릴 것이다. [47] 내가 진

실로 진실로 너희에게 말한다. 믿는 사람은 영원한 생명을 얻는다. [48] 나는 생명의 빵이다. [49] 너희 조상들은 광야에서 만나를 먹고도 죽었다. [50] 그러나 이 빵은 하늘에서 내려오는 것으로, 이 빵을 먹는 사람은 죽지 않는다. [51] **나는 하늘에서 내려온 살아 있는 빵이다. 누구든지 이 빵을 먹으면 영원히 살 것이다. 내가 줄 빵은 세상에 생명을 주는 나의 살이다.**"

[52] 그러자 "저 사람이 어떻게 자기 살을 우리에게 먹으라고 줄 수 있단 말인가?" 하며, 유다인들 사이에 말다툼이 벌어졌다. [53] 예수님께서 그들에게 이르셨다. "내가 진실로 진실로 너희에게 말한다. 너희가 사람의 아들의 살을 먹지 않고 그의 피를 마시지 않으면, 너희는 생명을 얻지 못한다. [54] 그러나 **내 살을 먹고 내 피를 마시는 사람은 영원한 생명을 얻고, 나도 마지막 날에 그를 다시 살릴 것이다.** [55] **내 살은 참된 양식이고 내 피는 참된 음료다.** [56] **내 살을 먹고 내 피를 마시는 사람은 내 안에 머무르고, 나도 그 사람 안에 머무른다.** [57] 살아 계신 아버지께서 나를 보내셨고 내가 아버지로 말미암아 사는 것과 같이, 나를 먹는 사람도 나로 말미암아 살 것이다. [58] 이것이 하늘에서 내려온 빵이다. 너희 조상들이 먹고도 죽은 것과는 달리, 이 빵을 먹는 사람은 영원히 살 것이다." [59] 이는 예수님께서 카파르나움 회당에서 가르치실 때에 하신 말씀이다.

[66] 이 일이 일어난 뒤로, 제자들 가운데에서 많은 사람이 되돌아가고 더 이상 예수님과 함께 다니지 않았다. [67] 그래서 예수님께서는 열두 제자에게, "너희도 떠나고 싶으냐?" 하고 물으셨다. [68] 그러자 시몬 베드로가 예수님께 대답하였다. "주님, 저희가 누구에게 가

겠습니까? 주님께는 영원한 생명의 말씀이 있습니다. [69] 스승님께서 하느님의 거룩하신 분이라고 저희는 믿어 왔고 또 그렇게 알고 있습니다."

새김

"내가 아이였을 때에는 아이처럼 말하고 아이처럼 생각하고 아이처럼 헤아렸습니다. 그러나 어른이 되어서는 아이 적의 것들을 그만두었습니다."(1코린 13,11) 어릴 때 나는 부모님이 세발자전거를 사 주셔야만 좋은 부모님이라고 생각했다. 그래서 내가 원하는 것을 사 주시는지 안 사 주시는지를 확인하여, 다른 아이의 부모님과 내 부모님 중 어느 쪽이 자기 자식을 더 사랑하시나 비교하기도 했다. 그러나 점점 커 가면서 부모님과의 관계는 변화되어 갔다. 부모님에 대한, 또 부모님이 나를 사랑하시는지 확인하는 판단 기준도 바뀌어 갔다. 나이가 들면서 학교 소풍을 쫓아오시는 부모님이 점점 부담스러웠고, 마침내 부모님은 더 이상 소풍에 따라오시지 않게 되었다. 또 어릴 때처럼 내가 원하는 것을 사 주고, 나와 놀아 주고, 나를 어디론가 데려가 주지는 않지만 지금 부모님이 나를 사랑하신다는 것을 믿는다. 어릴 때 부모님이 내게 해 주셨던 것을 지금 내가 거꾸로 해 드리고 있지만, 그분들이 나를 사랑하신다는 사실을 알고 있다. 그분들은 여전히 나의 부모님이다. 한때 나의 보호자요 담보자이셨던 분이 나의 동업자가 되었고 지금은 나의 부양가족이 되어 있다. 세월이 흐르면서 부모님에 대한 나의 입장과 관계도 바뀌었다. 그분들보다 내가 변해 온 것이다. 특별히 부모님이 하느님 아버지라고 생각할 때, 그분은 변하지 않으셨지만 내가 철이 들어(?) 그분을 하느님답게 알아 모시게 된 것이다.

한 젊은 여성이 예비 신자 교리반을 찾아온 동기에 대해 이렇게 대답했다. "중학교를 다니던 어느 날, 학교에서 돌아와 보니 어머니가 막 울고 계셨어요. 그때 저는 무엇이 우리 어머니를 저렇게 한스럽게 울도록 만들었는지 이해할 수가 없었어요. 그래서 비록 그때 신자는 아니었지만 하느님께 빌었습니다. '제발 우리 어머니의 눈에서 눈물을 거두어 주십시오.' 하고. 얼마나 간절히 기도를 바쳤는지 몰라요. 그런데 참으로 다행스럽게도 어머니를 울게 했던 전세금을 다시 찾을 수 있었고 어머니는 눈물을 거두실 수 있었어요. 그래서 저는 하느님께서 제 기도를 들어주셨다고 생각했어요. 저는 지금 재수생입니다. 대학에 떨어지고 나서, 지난날 내 기도를 들어주셨던 하느님께 이번에는 대학에 합격하게 해 달라고 몇 달 동안 기도하다가 문득 이런 생각이 들었어요. 하느님은 진정 누구이신가? 내가 원하는 것을 들어주시기 위해 계신 분인가? 내가 하느님을 무엇으로 만들고 있는가? 내가 바라는 대로 움직이셔야 하는 하느님 말고 진짜 하느님은 누구이신가? 도대체 하느님은 어떤 분인지 알기 위해서 이곳을 찾아왔습니다."

우리는 왜 하느님을 믿고 있는가? 하느님이 내게 무엇을 주실 수 있다고 생각하며 믿고 있는가? 하느님께 향한 나의 기대치는 무엇인가? "내가 진실로 진실로 너희에게 말한다. 너희가 나를 찾는 것은 표징을 보았기 때문이 아니라 빵을 배불리 먹었기 때문이다."(요한 6,26) 혹시 부자나 사회에서 성공한 사람은 하느님의 축복과 은총을 가득 받은 사람이고, 가난한 사람이나 병자나 고통 속에 신음하는 사람은 죄를 지었거나 하느님의 은총을 받지 못한 사람이라고 판단하고 있지는 않은가? 이러한 인간의 현세적 상관관계에 하느님은 깊이 개입하고 계신가? 그렇지는 않다. 그런 식으로 개입하시는 것은 아니다. 하느님은 우리가 잘했을 때는 복을 주시고, 우리가 잘못했을 때는 벌을 주시는 그렇게 얄팍한 분이 아니다. 다른 차원으로 말해서 하느님은 인간의 행동 여하에 따라 현세적이고 물질적인 차원에서 움직이시고 영향을 받으시는 분이 아니다. "**내가 너희에게 한 말은 영이며 생명이다.**"(요한 6,63)

그렇다면 하느님은 우리의 현세 삶과 아무런 관계가 없는 분인가? 물론 그렇지는 않다. 우리의 현세적인 모든 일은 하느님과 관계를 맺고 있다. 아니, 좀 더 정확히 말하면 하느님은 우리의 현세적인 일 속에서 우리의 입장에 따라 우리 일을 좌우하려고 하시는 분은 아니지만, 우리가 현세에서 기쁨과 슬픔, 고통과 희망을 겪을 때 우리와 함께 기뻐하시고 슬퍼하시며 아파하시고 하늘나라를 기대하고 계신다. 정말 그분은 우리와 함께하시는 분이다. 그러면서도 우리를 구하기 위해 우리의 자유를 손상하지 않으시고, 우리로 하여금 하느님과 당신의 뜻인 하느님 나라를 선택하도록 은총으로 이끄시는 분이다. 다시 말하면 우리에게 길흉화복을 가져다주시기 때문에 우리가 겁을 먹고 눈치를 보며 말을 들어야 하는 감시자나 절대자가 아니라, 우리가 올바른 선택을 하고 올바른 길을 걷도록 우리를 이끄시는 구원자시다. 심지어 우리가 잘못된 선택을 함으로써 생겨난 악의 결과를 우리에게 되묻지 않으시고 당신이 대신 그 책임을 짊어지심으로써, 외아들 예수님을 죗값으로 대신 희생시키면서까지 우리를 구하고자 하시는 하느님이다. "하느님께서는 세상을 너무나 사랑하신 나머지 외아들을 내주시어, 그를 믿는 사람은 누구나 멸망하지 않고 영원한 생명을 얻게 하셨다. 하느님께서 아들을 세상에 보내신 것은, 세상을 심판하시려는 것이 아니라 세상이 아들을 통하여 구원을 받게 하시려는 것이다."(요한 3,16-17)

그러므로 언제까지나 어린아이처럼 이것저것을 달라고 조르고, 원하는 것을 얻으면 하느님이시고 얻지 못하면 하느님이고 뭐고 없다는 식의 자세로 하느님을 상대로 뻗대는 어리석은 고집쟁이 철부지처럼 굴지 말고, 어떤 물질적인 것이나 환경보다도 우리에게 우선적으로 필요하고도 적절한 것, 곧 우리에 대한 하느님의 사랑을 선택하도록 힘써야겠다. "그러므로 너희는 '무엇을 먹을까?', '무엇을 마실까?', '무엇을 차려입을까?' 하며 걱정하지 마라. … 하늘의 너희 아버지께서는 이 모든 것이 너희에게 필요함을 아신다. 너희는 먼저 하느님의 나라와 그분의 의로움을 찾아라. 그러면 이 모든 것도 곁들여 받게 될 것이다."(마태 6,31-33)

하느님께서 의롭게 여기시는 것은 바로 하느님이 주시는 생명의 말씀을 사는 것이다. 그리고 그 말씀을 하느님께서는 주님을 통해 우리에게 주셨다. "너희는 썩어 없어질 양식을 얻으려고 힘쓰지 말고, 길이 남아 영원한 생명을 누리게 하는 양식을 얻으려고 힘써라.

그 양식은 사람의 아들이 너희에게 줄 것이다. 하느님 아버지께서 사람의 아들을 인정하셨기 때문이다."(요한 6,27) 이렇게 하느님은 우리에게 아들을 통해 오시고 하느님 나라를 이루신다. "**하느님의 일은 그분께서 보내신 이를 너희가 믿는 것이다.**"(요한 6,29)

또한 하느님께서는 아들을 통해 하느님 나라를 이루어 세상을 구원하고자 하신다. "**하느님의 빵은 하늘에서 내려와 세상에 생명을 주는 빵이다.**"(요한 6,33) 그렇기 때문에 하느님의 아들은 우리가 먹고 살 생명의 빵이다. "**내가 생명의 빵이다. 나에게 오는 사람은 결코 배고프지 않을 것이며, 나를 믿는 사람은 결코 목마르지 않을 것이다.**"(요한 6,35) 왜냐하면 주님께서는 아버지의 뜻에 따라 우리를 살리시기 위해 세상에 구세주로 파견되신 분이기 때문이다. "**나는 내 뜻이 아니라 나를 보내신 분의 뜻을 실천하려고 하늘에서 내려왔기 때문이다. 나를 보내신 분의 뜻은, 그분께서 나에게 주신 사람을 하나도 잃지 않고 마지막 날에 다시 살리는 것이다. 내 아버지의 뜻은 또, 아들을 보고 믿는 사람은 누구나 영원한 생명을 얻는 것이다. 나는 마지막 날에 그들을 다시 살릴 것이다.**"(요한 6,38-40) 그래서 우리는 주님의 말씀을 생명의 양식으로 받아들인다. "**나는 하늘에서 내려온 살아 있는 빵이다. 누구든지 이 빵을 먹으면 영원히 살 것이다. 내가 줄 빵은 세상에 생명을 주는 나의 살이다.**"(요한 6,51)

그러므로 우리는 영원한 생명을 누리게 된다. "**내 살을 먹고 내 피를 마시는 사람은 영원한 생명을 얻고, 나도 마지막 날에 그를 다시 살릴 것이다. 내 살은 참된 양식이고 내 피는 참된 음료다. 내 살을 먹고 내 피를 마시는 사람은 내 안에 머무르고, 나도 그 사람 안**

에 머무른다. 살아 계신 아버지께서 나를 보내셨고 내가 아버지로 말미암아 사는 것과 같이, 나를 먹는 사람도 나로 말미암아 살 것이다."(요한 6,54-57) 그래서 우리는 주님을 믿고, 주님께 모여 와서 회개하고 주님의 말씀을 따라 하느님 나라를 이루고자 신앙생활을 하는 것이다. "주님, 저희가 누구에게 가겠습니까? 주님께는 영원한 생명의 말씀이 있습니다. 스승님께서 하느님의 거룩하신 분이라고 저희는 믿어 왔고 또 그렇게 알고 있습니다."(요한 6,68-69)

그러나 한편 우리는 주님을 믿는다고 하면서도, 주님을 믿어 주님 앞에 와 있으면서도, 주님을 앞에 두고서도 정작 우리가 찾아서 얻어야 할 주님을 외면한 채 자신의 만족을 위해 다른 곳에서 다른 방식으로 다른 것을 찾기도 한다. 심지어 주님의 뜻에 맞지 않을 뿐만 아니라 반대되는 것인데도 주님께 청하기까지 한다. 그리고 내가 청하는 것이 이루어져야 내가 살 수 있다고 생각한다. 우리에게 생명을 주실 수 있고 실제로 그렇게 주고 계신 분은 바로 주님인데도 말이다. '세상을 살려면 이렇게 해야 돼요. 이것이 꼭 있어야 해요.' 하며 헛된 것을 얻으려는 우리에게 주님은 말씀하신다. "**육신은 죽여도 영혼은 죽이지 못하는 자들을 두려워하지 마라.**"(마태 10,28) 그리고 현세적인 유혹에 눈이 멀어 미련을 버리지 못하는 우리에게 말씀하신다. "**쟁기에 손을 대고 뒤를 돌아보는 자는 하느님 나라에 합당하지 않다.**"(루카 9,62) 그러나 주님은 세상살이에 지치고 현세적이고도 물질적인 것에서 행복을 얻으려다 실패한 사람들, 그래서 하느님의 사랑을 받지 못하고 있다고 생각하며 실의에 빠져 있는 이들을 지금도 거듭 부르고 계신다. "**자, 목마른 자들아, 모**

두 물가로 오너라. 돈이 없는 자들도 와서 사 먹어라. 와서 돈 없이 값 없이 술과 젖을 사라. 너희는 어찌하여 양식도 못 되는 것에 돈을 쓰고 배불리지도 못하는 것에 수고를 들이느냐? 들어라, 내 말을 들어라. 너희가 좋은 것을 먹고 기름진 음식을 즐기리라. 너희는 귀를 기울이고 나에게 오너라. 들어라. 너희가 살리라."(이사 55,1-3) 그리고 우리가 찾는 것은 세상에서가 아니라 주님 안에서 얻을 수 있다고 하시며 우리를 부르고 계신다. "고생하며 무거운 짐을 진 너희는 모두 나에게 오너라. 내가 너희에게 안식을 주겠다. 나는 마음이 온유하고 겸손하니 내 멍에를 메고 나에게 배워라. 그러면 너희가 안식을 얻을 것이다. 정녕 내 멍에는 편하고 내 짐은 가볍다."(마태 11,28-30)

또한 주님을 알면서 아직도 세상에 대한 걱정과 미련 때문에 주님께 온전히 다가서지 못하는 이들에게 주님은 확신을 주기 위하여 말씀하신다. "내 이름 때문에 집이나 형제나 자매, 아버지나 어머니, 자녀나 토지를 버린 사람은 모두 백배로 받을 것이고 영원한 생명도 받을 것이다."(마태 19,29) 그리고 그분은 말씀하신다. "너는 많은 일을 염려하고 걱정하는구나. 그러나 필요한 것은 한 가지뿐이다."(루카 10,41ㄴ-42ㄱ) 그 필요한 것은 바로 주님이다. 바로 그분이 지금 우리에게 생명의 빵인 당신의 말씀과 그 말씀을 이룬 당신 자신을 주고자 하신다. "너희는 모두 이것을 받아먹어라. 이는 너희를 위하여 내어 줄 내 몸이다."

응답

- 주님의 몸을 받아 영하며 그분께서 주시는 생명을 얻습니까?
- 주님의 몸을 받아 영하며 생명을 얻을 수 있는 말씀을 실천할 힘을 얻습니까?

08

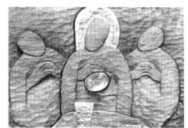 너희는 모두
이것을 받아 마셔라

실체 변화 2

"너희는 모두 이것을 받아 마셔라. 이는 새롭고 영원한 계약을 맺는 내 피의 잔이니, 죄를 사하여 주려고 너희와 모든 이를 위하여 흘릴 피다."

느낌

어떤 사람들은 이렇게 말합니다.

"남편과 싸워서 성당에 나갈 수가 없었어요."

"가슴속에 미움이 가득해서 성체를 영할 수가 없었어요."

"상대방의 잘못 때문에 내가 마음 상할 필요가 없는데도, 자연스럽게 부정적인 감정이 스며들어서 주체할 수가 없어요."

또 어떤 사람들은 이렇게도 말합니다.

"하느님의 은총을 믿고 빨리 고해성사를 보고, 용서의 은총을 달라고 청하면 용서할 수 있게 만들어 주시는 것 같아요."

"주님이 우리를 대신해서 죽으려고 오신 분이 아니라 우리를 사랑하러 오신 분이라고 생각할 때 더욱 힘이 솟고 죄책감에 빠져 좌절하기보다는 감사의 정이 들어요."

나늠

– 사람이 밉고 괴로울 때 어떻게 합니까?

말씀

십자가에 못 박히신 예수(루카 23,33-49)

[23장]

³³ '해골'이라 하는 곳에 이르러 그들은 예수님과 함께 두 죄수도 십자가에 못 박았는데, 하나는 그분의 오른쪽에 다른 하나는 왼쪽에 못 박았다. ³⁴ 그때에 **예수님께서 말씀하셨다.** "아버지, 저들을 용서해 주십시오. 저들은 자기들이 무슨 일을 하는지 모릅니다." 그들은 제비를 뽑아 그분의 겉옷을 나누어 가졌다. ³⁵ 백성들은 서서 바라보

고 있었다. 그러나 지도자들은 "이자가 다른 이들을 구원하였으니, 정말 하느님의 메시아, 선택된 이라면 자신도 구원해 보라지." 하며 빈정거렸다. ³⁶ 군사들도 예수님을 조롱하였다. 그들은 예수님께 다가가 신 포도주를 들이대며 ³⁷ 말하였다. "네가 유다인들의 임금이라면 너 자신이나 구원해 보아라." ³⁸ 예수님의 머리 위에는 '이자는 유다인들의 임금이다.'라는 죄명 패가 붙어 있었다.

³⁹ 예수님과 함께 매달린 죄수 하나도, "**당신은 메시아가 아니시오? 당신 자신과 우리를 구원해 보시오.**" 하며 그분을 모독하였다. ⁴⁰ 그러나 다른 하나는 그를 꾸짖으며 말하였다. "같이 처형을 받는 주제에 너는 하느님이 두렵지도 않으냐? ⁴¹ 우리야 당연히 우리가 저지른 짓에 합당한 벌을 받지만, 이분은 아무런 잘못도 하지 않으셨다." ⁴² 그리고 나서 "예수님, 선생님의 나라에 들어가실 때 저를 기억해 주십시오." 하였다. ⁴³ 그러자 예수님께서 그에게 이르셨다. "내가 진실로 너에게 말한다. 너는 오늘 나와 함께 낙원에 있을 것이다."

⁴⁴ 낮 열두 시쯤 되자 어둠이 온 땅에 덮여 오후 세 시까지 계속되었다. ⁴⁵ 해가 어두워진 것이다. 그때에 성전 휘장 한가운데가 두 갈래로 찢어졌다. ⁴⁶ 그리고 예수님께서 큰 소리로 외치셨다. "**아버지, '제 영을 아버지 손에 맡깁니다.'**" 이 말씀을 하시고 숨을 거두셨다. ⁴⁷ 그 광경을 보고 있던 백인대장은 하느님을 찬양하며, "**정녕 이 사람은 의로운 분이셨다.**" 하고 말하였다. ⁴⁸ 구경하러 몰려들었던 군중도 모두 그 광경을 바라보고 가슴을 치며 돌아갔다. ⁴⁹ 예수님의 모든 친지와 갈릴래아에서부터 그분을 함께 따라온 여자들은 멀찍

이 서서 그 모든 일을 지켜보았다.

새김

도미니크 라피에르의 「목마른 사람들LA CITE DE LA JOIE」(문예, 2009)을 영화화한 롤랑 조페 감독의 '시티 오브 조이CITY OF JOY'를 보면, 시골에서 올라온 농부가 도시에서 처자식을 먹여 살리기 위해 갖은 수고를 다하는 장면이 그려진다. 인도의 빈민 지역을 배경으로 한 이 영화에서 주인공은 딸을 남부럽지 않게 시집보내기 위해 결국 목숨까지 바치게 된다. 딸의 정조를 위해 권력가의 아들과 싸우다 칼에 심한 상처를 입었는데도, 딸의 결혼 지참금을 마련하기 위해 무리하게 일하다 결혼식 피로연 도중에 죽음을 맞는다. 딸에게 부모의 도리를 다해야 한다는 일념으로 과로하다가 지참금을 마련하고 죽음으로써, 결국 딸에게 자기를 바쳤던 주인공 아버지의 사랑이 장엄하기까지 하다.

우리는 그 영화를 보며 젊은이의 결합과 새로운 출발을 위한 지참금 제도가 결국 인간을 괴롭히는 사회의 굴레가 되어 버린 이 세상의 어둠을 본다. 그러나 동시에 우리는 같은 사건 안에서 자식을 위해 주위의 만류를 뿌리치며 자신의 몸을 바치는 아버지의 사랑을 본다. 그는 이렇게 말했다. "자식의 지참금을 마련하는 것은 아버지의 의무이기 이전에 권리입니다!" 사랑은 용서해 주어야만 하는 의무이기 이전에 하느님의 사랑을 받는 자녀들에게 주어지는, 그래서 그들이 가져야 하는 권리다. 그러므로 주인공의 모습은 우리를 살리기 위해, 우리가 아버지 하느님 앞에 죄 없는 인간으로 설 수 있도록 하기 위해 희생하신 주님의 사랑을 닮았다. 딸의 결혼 지참금이라는 멍에를 메고 죽어 간 영화의 주인공처럼, 참으로 주님은 인간을 둘러싼 모든 제도적·사회적 굴레의 희생자가 되어 주셨다. 그럼으로써 우리를 죄와 악의 멍에와 굴레에서 해방시켜 다시 하느님이 천지창조 때 우리에게 새겨 주신 아버지의 모상을 가지고 살도록 해 주셨다.

철없는 자식을 달래기 위해 희생당할 수밖에 없는 아버지처럼 주님은 자기가 하는 일이 무엇인지도 모르는, 다시 말해 자기가 하는 일의 의미도 모르면서 대책 없이 저지르는 죄악으로부터 인간을 살리기 위해 희생해 주셨다. 복음서 저자들이 기록한 주님을 죽이는 이들의 행동은 참으로 철없어 보인다. 예수님을 십자가에 못 박은 사람들은 한 인간의 죽음 앞에서 애도를 표하기는커녕, 그저 '**제비를 뽑아 그분의 겉옷을 나누어 가**'(루카 23,34ㄴ)지고 있다. 그리고 "백성들은 서서 바라보고 있었다. 그러나 지도자들은 '이자가 다른 이들을 구원하였으니, 정말 하느님의 메시아, 선택된 이라면 자신도 구원해 보라지.' 하며 빈정"(루카 23,35)거렸고, "군사들도 예수님을 조롱하였다. 그들은 예수님께 다가가 신 포도주를 들이대며 말하였다. '네가 유다인들의 임금이라면 너 자신이나 구원해 보아라.'"(루카 23,36-37) 그리고 "예수님과 함께 매달린 죄수 하나도, '당신은 메시아가 아니시오? 당신 자신과 우리를 구원해 보시오.' 하며 그분을 모독하였다."(루카 23,39) 이들은 자신들이 죽이는 이가 주님이라는 것을 알지 못했을 뿐만 아니라, 자신들의 행위가 얼마나 어처구니없고 반인륜적인가에 대한 인식마저 없다.

이러한 인간의 행위에 대해 주님은 마치 어머니가 자식의 잘못을 비호하듯 역성을 든다. "**아버지, 저들을 용서해 주십시오. 저들은 자기들이 무슨 일을 하는지 모릅니다.**"(루카 23,34ㄱ) 그리고 주님은 자기 죽음의 의미를 알고 계시고, 그것으로 인간을 다시 구하실 수 있는 아버지께 기도하셨다. "**아버지, '제 영을 아버지 손에 맡깁니다.'**"(루카 23,46; 시편 31,6 참조) 이 기도는 예수님이 당신의 죽음을 예견하시고 올리브 산 겟세마니 동산에서 "**아버지, 아버지께서 원하시면 이 잔을 저에게서 거두어 주십시오. 그러나 제 뜻이 아니라 아버지의 뜻이 이루어지게 하십시오.**"(루카 22,42)라고 기도하셨던 것과 밀접하게 연결되어 있다.

그것은 바로 "예수님의 머리 위에는 '이자는 유다인들의 임금이다.'라는 **죄명 패가 붙어 있었**"(루카 23,38)던 것처럼 사람들은 예수님을 정치적으로 판단하여 죽여 버렸지만, 실제로 예수님의 죽음은 하느님이 인간을 구원하시기 위한 계획에 의한 것이었음을 말하고 있다. 주님께서도 당신의 죽음에 대하여 이런 의미로 생전에 제자들에게 말씀하신 바 있다. "아버지께서는 내가 목숨을 내놓기 때문에 나를 사랑하신다. 그렇게 하여 나는 목숨을 다시 얻는다. 아무도 나에게서 목숨을 빼앗지 못한다. 내가 스스로 그것을 내놓는 것이다. 나는 목숨을 내놓을 권한도 있고 그것을 다시 얻을 권한도 있다. 이것이 내가 내 아버지에게서 받은 명령이다."(요한 10,17-18) 그리고 최후의 만찬 석상에서 주님이 하신 말씀을 돌이켜 보면, 우리는 예수님 죽음의 의미를 아주 명확히 알 수 있다. "이는 죄를 용서해 주려고 많은 사람을 위하여 흘리는 내 계약의 피다."(마태 26,28) "이는 많은 사람을 위하여 흘리는 내 계약의 피다."(마르 14,24) "이 잔은 너희를 위하여 흘리는 내 피로 맺는 새 계약이다."(루카 22,20)

그러나 한편 우리는 루카 복음서 23장에서 예수님 죽음의 의미를 발견하고 주님께 청한 사람들도 본다. 예수님과 함께 십자가에 달린 죄수가 모욕하는 것을 본 "다른 하나는 그를 꾸짖으며 말하였다. '같이 처형을 받는 주제에 너는 하느님이 두렵지도 않으냐? 우리야 당연히 우리가 저지른 짓에 합당한 벌을 받지만, 이분은 아무런 잘못도 하지 않으셨다.' 그리고 나서 '예수님, 선생님의 나라에 들어가실 때 저를 기억해 주십시오.' 하였다."(40-42절) 그리고 "그 광경을 보고 있던 (이방인인 로마인들의) 백인대장은 하느님을 찬양하며, '정녕 이 사람은 의로운 분이셨다.' 하고 말하였다."(47절) 또한 "구경하러 몰려들었던 군중도 모두 그 광경을 바라보고 가슴을 치며 돌아갔다."(48절) "예수님의 모든 친지와 갈릴래아에서부터 그분을 함께 따라온 여자들은 멀찍이 서서 그 모든 일을 지켜보았다."(49절) 그리고 요셉이라는 사람이 있었다. 그는 "의회 의원이며 착하고 의로운 이였다. 이 사람은 의회의 결정과 처사에 동의하지 않았다. 그는 유다인들의 고을 아리마태아 출신으로서 하느님의 나라를 기다리고 있었다. 이 사람이 빌라도에게 가서 예수님의 시신을 내 달라고 청하였다. 그리고 시신을 내려 아마포로 감싼 다음, 바위를

깎아 만든 무덤에 모셨다."(50-53절)

그리고 이러한 사람들에게 주님은 "너는 오늘 나와 함께 낙원에 있을 것이다."(43절)라고 응답해 주셨다. 이렇게 주님의 응답을 받은 다른 죄수의 자세에서, 우리는 주님 앞에 선 인간의 기본자세와 처지가 어떠해야 하는지 발견할 수 있다. 우리와 같은 처지를 택하여 오셔서 우리와 같은 취급을 당하신 주님, 우리의 잘못으로 욕먹고 비난받는 주님의 사랑 앞에 선 인간의 청원. 차마 청할 수도 없을 정도로 부끄럽고 죄스러운, 그러나 우리를 사랑하시기에 우리를 위해 죽기까지 하신 주님 앞에 선 우리의 청원. 미사의 기도문 안에서도 이러한 청원을 본다. "**저희 죄를 헤아리지 마시고 교회의 믿음을 보시어 주님의 뜻대로 교회를 평화롭게 하시고 하나 되게 하소서. 주님께서는 영원히 살아 계시며 다스리시나이다.**"('평화 예식' 중에서)

그런데 우리가 주님을 따라 세상에 하느님의 사랑을 드러내기 위해 평신도 사도로 선발되었다는 것을 잘 알면서도, 사랑은커녕 사랑의 전제라 할 수 있는 용서가 왜 그리 어려운 걸까? 용서하자니 억울하고 감정이 허락하지 않으며 마음대로 되지도 않는다. 그러나 한편으로, 용서하지 않고 있으면 가슴속에 숨어 있다가 한가할 때나 기도할 때마다 나타나서 나를 괴롭히는 사람과 사건, 상황들이 있다. 결국 내가 용서하지 않은 것이 아니라 내가 잡혀 있는 셈이다. 미움이라는 감정에 사로잡혀 주님께 나아가지 못한 채 갇혀 있는 내 모습. 거기서 해방되기 위해서라도 용서해야 하는데, 어떻게 해야 할지 괴롭기만 하다.

사도 바오로는 로마 신자들에게 보낸 서간에서 이렇게 말했다. "여러분을 박해하는 자들을 축복하십시오. 저주하지 말고 축복해 주십시오. 아무에게도 악을 악으로 갚지 말고, 모든 사람에게 좋은 일을 해 줄 뜻을 품으십시오. 여러분 쪽에서 할 수 있는 대로, 모든 사람과 평화로이 지내십시오. 사랑하는 여러분, 스스로 복수할 생각을 하지 말고 하느님의 진노에 맡기십시오. 성경에서도 '복수는 내가 할 일, 내가 보복하리라.' 하고 주님께서 말씀하십니다. 오히려 '그대의 원수가 주리거든 먹을 것을 주고, 목말라하거든 마실 것을 주십시오. 그렇게 하는 것은 그대가 숯불을 그의 머리에 놓는 셈입니다.' 악에 굴복당하지 말고 선으로 악을 굴복시키십시오." (12,14.17-21) 사도는 우리에게 세상에서 여성들이 겪어야 하는 차별 대우와 아내와 어머니로서 당해야 하는 시집살이, 시댁과의 관계에서 그러해 오셨고 그대로 일러 주셨던 것처럼 그저 "남이 뭐라든지, 어떻게 하든 내 할 바나 다하라."고 가르친다. 원수 갚는 일은 주님의 몫이니까 말이다.

베드로 사도 역시 불공평한 세상을 탓하며 억울해하고 불평하는 우리를 향해 이렇게 말씀하신다. "사랑하는 여러분, 이 한 가지를 간과해서는 안 됩니다. 주님께는 하루가 천 년 같고 천 년이 하루 같습니다. 어떤 이들은 미루신다고 생각하지만 주님께서는 약속을 미루지 않으십니다. 오히려 여러분을 위하여 참고 기다리시는 것입니다. 아무도 멸망하지 않고 모두 회개하기를 바라시기 때문입니다. 그리고 우리 주님께서 참고 기다리시는 것을 구원의 기회로 생각하십시오."(2베드 3,8-9.15)

한편, 죄의 사함을 받기 위해 구약 성경 기자는 다른 사람의 죄에 대한 용서와 관용을 전제로 제시한다. "네 이웃의 불의를 용서하여라. 그러면 네가 간청할 때 네 죄도 없어지리라. 인간이 인간에게 화를 품고서 주님께 치유를 구할 수 있겠느냐? 인간이 같은 인간에게 자비를 품지 않으면서 자기 죄의 용서를 청할 수 있겠느냐? 죽을 몸으로 태어난 인간이 분노를 품고 있으면 누가 그의 죄를 사해 줄 수 있겠느냐? 종말을 생각하고 적개심을 버려라. 파멸과 죽음을 생각하고 계명에 충실하여라. 계명을 기억하고 이웃에게 분노하지 마라. 지극히 높으신 분의 계약을 기억하고 잘못을 눈감아 주어라." (집회 28,2-7) 또한 주님께서도 제자들에게 주님의 기도를 가르쳐 주면서 말씀하셨다. "저희에게 잘못한 이를 저희도 용서하였듯이 저희 잘못을 용서하시고 … 너희가 다른 사람들의 허물을 용서하면, 하늘의 너희 아버지께서도 너희를 용서하실 것이다. 그러나 너희가 다른 사람들을 용서하지 않으면, 아버지께서도 너희의 허물을 용서하지 않으실 것이다."(마태 6,12.14-15)

실천적인 면에서 사제가 성작을 들고 "너희는 모두 이것을 받아 마셔라. 이는 새롭고 영원한 계약을 맺는 내 피의 잔이니, 죄를 사하여 주려고 너희와 모든 이를 위하여 흘릴 피다." 하면서 성혈을 축성할 때, 내가 용서할 수 없고 마음속에 얹힌 것처럼 맺혀 있는 가련하고 한(?) 서린 사람의 얼굴을 떠올리며 "나는 당신을 용서합니다. 당신도 나를 용서해 주십시오." 하면서 용서해 주십시오. 그리고 성체를 영하십시오. 우리 안에 주님의 사랑이 다시 회복되도록 말입니다. 그리고 우리가 그 회복된 사랑으로 그를 용서할 수 있도록 빌면서. 동시에 그렇게 한 명씩 한 명씩 용서해 주고 마지막으로 용서의 대명사인 자비로우신 주님 앞에서 나의 용서를 청하십시오. "주님, 저를 용서해 주시고 저를 받아 주소서."

응답

- 주님을 섬기고 모시기 위해, 주님으로부터 내 죄의 사함을 받고 영생을 얻기 위해 용서해야 할 사람이나 일이 있습니까?

09

 나를 기억하여
이를 행하여라

실체 변화 3

"너희는 나를 기억하여 이를 행하여라."

느낌

어떤 사람들은 이렇게 말합니다.
"영성체한다고 뭐 달라집니까? 깍쟁이 그대로인데…."
"신자를 데려오고, 주님께 기도하는 것 말고 할 일이 또 뭐 있습니까?"

또 어떤 사람들은 이렇게도 말합니다.
"성체를 영할 때마다 아무 일도 안 하고 있는 제가 너무 죄스러워요."

"착한 일을 하거나 저를 희생할 때마다 주님이 더욱더 저와 함께 있다고 느껴져요."

"죽어야 한다는 것, '십자가를 져야 일이 된다'는 말이 특별히 어려운 고비 때마다 새삼 더 깊이 다가옵니다."

나눔

- 세례를 받고 신자가 되어, 계속 영성체를 하면서 어떻게 변화되었습니까?

말씀

주님의 만찬 (1코린 11,23-26)

[11장]

[23] 사실 나는 주님에게서 받은 것을 여러분에게도 전해 주었습니다. 곧 주 예수님께서는 잡히시던 날 밤에 빵을 들고 [24] 감사를 드리신 다음, 그것을 떼어 주시며 말씀하셨습니다. "이는 너희를 위한 내 몸이다. 너희는 **나를 기억하여 이를 행하여라.**" [25] 또 만찬을 드신 뒤에 같은 모양으로 잔을 들어 말씀하셨습니다. "이 잔은 내 피로 맺는

새 계약이다. 너희는 이 잔을 마실 때마다 **나를 기억하여 이를 행하여라.**" ²⁶ 사실 주님께서 오실 때까지, **여러분은 이 빵을 먹고 이 잔을 마실 적마다 주님의 죽음을 전하는 것입니다.**

새김

사도 바오로는 "**나를 기억하여 이를 행하여라.**"(1코린 11,24ㄷ)고 하신 주님의 말씀을, 다시 신자들에게 이렇게 전하고 있다. "**주님께서 오실 때까지, 여러분은 이 빵을 먹고 이 잔을 마실 적마다 주님의 죽음을 전하는 것입니다.**"(1코린 11,26) 그런데 과연 어떻게 하는 것이 주님의 죽으심을 전하고, 주님께서 다시 오실 때까지 주님의 예를 행하는 것일까?

우리는 여기서 주교님이 사제로 서품되는 후보자들에게 교회 공동체에 나아가 무엇을 어떻게 해야 하는지를 가르치는 말씀을, 세상에서 복음을 선포하도록 부름 받은 평신도들에게 맞추어 다음과 같이 재편집해 볼 수 있다.

"여러분은 스승이신 그리스도의 성스러운 가르치는 직무를 책임지고 수행하게 될 것입니다. 여러분이 기꺼이 받아들인 하느님의 말씀을 모든 이에게 전하십시오. 하느님의 법을 깊이 묵상하며 읽는 것을 믿고, 믿는 것을 가르치며, 가르치는 것을 실천하십시오. 여러분이 전하는 복음의 교리는 세상 사람들에게 양식이 되고, 여러분의 성실한 생활은 여러분과 함께 세상에 사는 인류 동료들에게 기쁨이 되도록, 말과 모범으로 하느님의 교회를 건설해야 합니다. 여러분은 또한 그리스도 안에서 성화의 임무도 수행해야 합니다. 여러분은 세상에 살면서도 세상에 속하지 않고 그리스도께 속함으로써, 그리스도의 가르침대로 결정하고 행동함으로써 교회의 제사가 그리스도의 제사와 결합되어 완성될 것입니다. 사제가 성전의 제단에서 미사를 거행하듯이, 여러분이 여러분의 제단인 가정과 이웃, 사회, 특별히 직장에서 그리스도의 가르침대로 정의와 사랑을 실천하는 것이 바로 사제와 함께 피 흘림 없이 봉헌하는 그리스도의 제사인 것입니다. 그러므로 여러분은 평신도 사도로서 자신에게 주어진 사명, 즉 세상에 나아가 복음을 전하고 이루어야 하는 일을 명확히 깨닫고 그 내용을 실천해야 합니다. 여러분이 주님의 죽음과 부활의 신비를 거행하는 것이므로 새로운 생활을 하도록 노력하십시오. 성세성사에 참여하여 하느님의 백성이 되고, 고해성사를 통하여 그리스도와 교회의 이름으로 죄 사함을 받고, 환자 방문을 통해 병자들의 고통을 덜어 주십시오. 또한 여러 가지 거룩한 예식에 참여하고, 하느님의 백성뿐만 아니라 온 세상을 위하여 매일 여러 차례 감사와 찬미의 제사를 사제와 성실한 마음으로 주님을 찾는 이들과 함께 봉헌하며, 여러분 자신이 사람을 위하여 사람 중에서 선발되어 하느님의 일을 하도록 임명되어 세상에 파견되었음을 기억하십시오. 그러므로 참된 사랑과 변함없는 기쁨으로 사제이신 그리스도의 직무를 수행하며 자신의 이익을 찾지 말고 예수님 그리스도의 뜻을 따르도록 하십시오. 마지막으로 여러분은 머리이시요 목자이신 그리스도의 직무를 성실히 수행하십시오. 교회의 주교와

주교를 대리하여 여러분에게 파견된 사제와 결합하여, 그 지도에 따라 한 가족으로 일치하여, 그리스도를 통하여 성령 안에서 세상 사람들을 하느님 아버지께 인도해야 합니다. 교회 내외에서 봉사를 받기 위해서가 아니라 봉사하러 오셨고, 길 잃은 사람을 찾아 구원하러 오신 착한 목자이신 그리스도를 언제나 모범으로 삼기를 바랍니다."(사제서품 예식 중에 사제서품자들에게 전하는 주교님의 훈시 재편집)

이상의 말씀에서 우리가 기억하는 것은-어떤 의미로 종합적이라고 할 수 있는데-"여러분이 기꺼이 받아들인 하느님의 말씀을 모든 이에게 전하십시오. 하느님의 법을 깊이 묵상하며 읽는 것을 믿고, 믿는 것을 가르치며, 가르치는 것을 실천하십시오. 여러분이 전하는 복음의 교리는 세상 사람들에게 양식이 되고, 여러분의 성실한 생활은 여러분과 함께 세상에 사는 인류 동료들에게 기쁨이 되도록, 말과 모범으로 하느님의 교회를 건설해야 합니다."라는 것이다. 이를 한마디로 요약한다면 "주님의 말씀을 정확히 알아듣고, 그 말씀을 말과 모범으로 실천해야 한다."라고 말할 수 있겠다.

이 가르침의 모범적인 모습을 우리는 사도행전에 나오는 '초대교회 신자들의 공동생활'에서 찾아볼 수 있다. "그리고 사도들을 통하여 많은 이적과 표징이 일어나므로 사람들은 저마다 두려움에 사로잡혔다. 신자들은 모두 함께 지내며 모든 것을 공동으로 소유하였다. 그리고 재산과 재물을 팔아 모든 사람에게 저마다 필요한 대로 나누어 주곤 하였다. 그들은 날마다 한마음으로 성전에 열심히 모이고 이 집 저 집에서 빵을 떼어 나누었으며, 즐겁고 순박한 마음으로 음식을 함께 먹고, 하느님을 찬미하며 온 백성에게서 호감을 얻

었다. 주님께서는 날마다 그들의 모임에 구원받을 이들을 보태어 주셨다."(사도 2,43-47)

또한 사도 야고보는 행동 없는 믿음은 죽은 믿음이라며 이렇게 밝히고 있다. "나의 형제 여러분, 누가 믿음이 있다고 말하면서 실천이 없으면 무슨 소용이 있겠습니까? 그러한 믿음이 그 사람을 구원할 수 있겠습니까? 어떤 형제나 자매가 헐벗고 그날 먹을 양식조차 없는데, 여러분 가운데 누가 그들의 몸에 필요한 것은 주지 않으면서, '평안히 가서 몸을 따뜻이 녹이고 배불리 먹으시오.' 하고 말한다면, 무슨 소용이 있겠습니까? 이와 마찬가지로 믿음에 실천이 없으면 그러한 믿음은 죽은 것입니다."(야고 2,14-17) 그리스도교 신앙을 단순히 신비 체험이나 사회 발전에 따르는 병폐를 이완시키기 위한 심리적인 안정제 정도로 격하시켜서는 안 된다.

또한 단순히 그리스도교 내의 종교적인 모임과 회합만으로는 부족하다. 성경 모임을 통해 성경 연구를 얼마나 많이 했는가보다 자신이 연구한 성경 말씀을 실행하는 것이 더 중요하다. 실행하기 위해 연구하는 것이지, 아는 것에서 그치기 위한 것이 아니기 때문이다. 그리스도교의 모임과 회합의 방향을 과감히 세상 안으로, 그것도 깊은 곳으로 가서 그물을 던지고 자신을 희생 제물로 내놓기 위한 방법을 연구하면서 그 연구 방법을 실천하는 쪽으로 변화되어야겠다. 그리스도교 신앙을 평생 연구한다고 해서 우리가 완전히 알 수 있겠는가? 아니, 어느 정도 알 때가 대체 언제란 말인가? '어느 정도'란 말의 기준은 무엇인가? 정말 어느 정도가 되어야 스스로 만족하여 활동할 수 있겠는가? "믿기 위해 알고, 알기 위해 믿는다."

는 성인의 말을 오늘 이 시대에 이렇게 되풀어서 말할 수 있다. "알기 위해 활동하고, 활동하기 위해 안다."

우리의 참된 신앙의 모습은 이웃을 향한, 그것도 버림받고 소외된 이웃을 향한 헌신적인 봉사와 희생으로 드러나게 된다는 것을 잊지 말아야 한다. 이것이 주님을 기억하여 우리가 행할 예이다.

응답

- 주님을 기억하여 무엇을 어떻게 하렵니까?

10

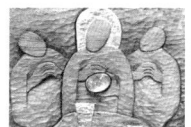 주님께서
오실 때까지

실체 변화 후 환호

† 신앙의 신비여!
◎ 주님께서 오실 때까지 주님의 죽음을 전하며
부활을 선포하나이다.

느낌

어떤 사람들은 이렇게 말합니다.
"예수님이 오신 지 이천 년이 되었는데 변한 게 뭐가 있나요?"
"예수님은 좋지만 교회는 싫어요."
"신자랍시고 일요일에 교회나 나가면 다인지, 도대체 뭐 그런 사람들이 다 있죠?"

또 어떤 사람들은 이렇게도 말합니다.

"십자가를 질 때 내가 정말 주님을 사랑하고 있다고 느껴요."

"누군가 십자가를 짊어지긴 해야 하는데, 나 이외에 다른 사람이 없는 것 같아요. 주님을 생각하면 더욱더 그렇고요."

"말로 백 마디 하는 것보다 한 번 십자가를 짊어져야 이루어져요. 할 줄 몰라서 못하는 사람은 없거든요. 안 하니까 안 되는 거지요."

나는

– 어떤 식으로 주님을 전하고 있습니까?
– 천주교 신자로서 무엇을 자랑 삼아 전하고 있습니까?

말씀

제자들에게 나타나시어 사명을 부여하시다 (루카 24,36-49)

[24장]

³⁶ 그들이 이러한 이야기를 하고 있을 때 예수님께서 그들 가운데에 서시어, "평화가 너희와 함께!" 하고 그들에게 말씀하셨다. ³⁷ 그들은 너무나 무섭고 두려워 유령을 보는 줄로 생각하였다. ³⁸ 그러자 예수님께서 그들에게 이르셨다. "왜 놀라느냐? 어찌하여 너희 마음

에 여러 가지 의혹이 이느냐? ³⁹ 내 손과 내 발을 보아라. 바로 나다. 나를 만져 보아라. 유령은 살과 뼈가 없지만, 나는 너희도 보다시피 살과 뼈가 있다." ⁴⁰ 이렇게 말씀하시고 나서 그들에게 손과 발을 보여 주셨다. ⁴¹ 그들은 너무 기쁜 나머지 아직도 믿지 못하고 놀라워하는데, 예수님께서 그들에게 "여기에 먹을 것이 좀 있느냐?" 하고 물으셨다. ⁴² 그들이 구운 물고기 한 토막을 드리자, ⁴³ 예수님께서는 그것을 받아 그들 앞에서 잡수셨다.

⁴⁴ 그리고 그들에게 이르셨다. "내가 전에 너희와 함께 있을 때에 말한 것처럼, 나에 관하여 모세의 율법과 예언서와 시편에 기록된 모든 것이 다 이루어져야 한다." ⁴⁵ 그때에 예수님께서는 그들의 마음을 여시어 성경을 깨닫게 해 주셨다. ⁴⁶ 이어서 그들에게 이르셨다. "성경에 기록된 대로, 그리스도는 고난을 겪고 사흘 만에 죽은 이들 가운데에서 다시 살아나야 한다. ⁴⁷ 그리고 예루살렘에서부터 시작하여, 죄의 용서를 위한 회개가 그의 이름으로 모든 민족들에게 선포되어야 한다. ⁴⁸ 너희는 이 일의 증인이다. ⁴⁹ 그리고 보라, 내 아버지께서 약속하신 분을 내가 너희에게 보내 주겠다. 그러니 너희는 높은 데에서 오는 힘을 입을 때까지 예루살렘에 머물러 있어라."

새김

"성당에 가면 밥이 나오나, 돈이 나오나?" 우리는 이런 질문들을 믿지 않는 친지들은 물론 부모와 배우자에게서 들어왔다. 그렇다. 성당에 다닌다고 돈이 생기는 것은 아니다. 생기기는커녕 내야 한다. 가끔 "돈 없으면 성당에도 못 다닌다."는 이야기마저 듣게 된다. 그런데 이토록 손해인데도 왜 사람들은 성당에 나오고 교회를 이루려고 애쓰는가? 그것도 죽자 살자 성당 일에 매달리는 사람마저 있으니 어찌 된 일인가? 실제로 교회의 역사 안에서 자신의 목숨까지 바쳤던 순교자들이 있었고, 우리는 103위 순교 성인들을 자랑으로 삼는 후예들이 아닌가? 현세적인 이득도 없는데 무엇이 우리를, 어떤 매력이 우리를 이렇게 교회로 모이게 하는가? 참으로 이상한 일이다. 돈이 된다면 무슨 일이라도 할 것 같은 이 사회에서, 과학과 의학으로 무엇이든 다 해결할 것 같은 이 사회에서 이런 일이 생겨난다는 것은 신비롭기까지 하다.

우리는 이 신비를 요한 복음서 6장에 나오는 '오천 명을 먹이시다'에서 본다. "예수님께서는 빵을 손에 들고 감사를 드리신 다음, 자리를 잡은 이들에게 나누어 주셨다. 물고기도 그렇게 하시어 사람들이 원하는 대로 주셨다. 그들이 배불리 먹은 다음에 예수님께서는 제자들에게, '버려지는 것이 없도록 남은 조각을 모아라.' 하고 말씀하셨다. 그래서 그들이 모았더니, 사람들이 보리빵 다섯 개를 먹고 남긴 조각으로 열두 광주리가 가득 찼다."(11-13절) 곧 한 소년이 내어놓은 보리빵 5개와 물고기 2마리로 주님께서는 빵의 기적을 일으키셨다는 이야기다. 내 것을 내어놓으면 나는 죽을 텐데, 죽지도 않았을 뿐만 아니라 먹고 싶은 만큼 먹고도 남았다는 것이다. 신비가 아닐 수 없다.

그럼 이 기적을 '돈 내고 돈 먹기'나 '돈 나눠 먹기(?)' 식으로 받아들이란 말인가? 그렇지 않다. 복음서 저자가 이 이야기를 통해 전하려는 내용은 바로 이것이다. "**예수님께서 모든 사람에게 말씀하셨다. '누구든지 내 뒤를 따라오려면, 자신을 버리고 날마다 제 십자가를 지고 나를 따라야 한다. 정녕 자기 목숨을 구하려는 사람은 목숨을 잃을 것이고, 나 때문에 자기 목숨을 잃는 그 사람은 목숨을 구할 것이다.'**"(루카 9,23-24) 인간이 그동안 살아왔던 방법과 습관적인 처세술을 버리고, 여기서 '나'로 지칭되는 주 예수 그리스도를 믿고 따르며 그분께 의지하면 기적이 이루어진다는 것이다. 즉, 빵 5개와 물고기 2마리를 내어놓은 본인도 먹을 뿐만 아니라 다른 이들도 모두 먹게 된다는 이 기적을 통해, 우리가 믿고 따르는 그리스도 예수가 우리에게 영원한 생명을 주는 생명의 양식이라고 제시하고 있다. "그러나 내 살을 먹고 내 피를 마시는 사람은 영원한 생명을 얻고, 나도 마지막 날에 그를 다시 살릴 것이다. 내 살은 참된 양식이고 내 피는 참된 음료다. 내 살을 먹고 내 피를 마시는 사람은 내 안에 머무르고, 나도 그 사람 안에 머무른다. 살아 계신 아버지께서 나를 보내셨고 내가 아버지로 말미암아 사는 것과 같이, 나를 먹는 사람도 나로 말미암아 살 것이다."(요한 6,54-57)

그리고 그분이 빵을 당신의 몸으로, 당신의 몸을 우리 영생의 양식으로 제시하는 이유는 무엇보다 먼저 당신이 우리 생명과 존재의 주인이시며, 우리의 주인이신 그분은 우리를 사랑하셔서 우리의 안위를 걱정하신다는 것에서부터 출발한다. "저 군중이 가엾구나. 벌써 사흘 동안이나 내 곁에 머물렀는데 먹을 것이 없으니 말이다. 길에서 쓰러질지도 모르니 그들을 굶겨서 돌려보내고 싶지 않다."(마

태 15,32)

 우리를 그토록 따르지 않으면 미치게 하고, 우리를 사로잡고, 우리의 인생을 걸머지고 있는 그리스도 예수. 우리가 그렇게 먹고 마시며 생명의 주님으로 모시는 예수님이라는 분은 대체 누구인가? 단적으로 말해서, 그분은 현세에서 실패한 분이다. 그분은 인간 사회에서 죄인들과 함께, 죄인으로서도 극형에 해당하는 십자가형으로 죽으신 분이다. 그런데도 우리는 그분을 우리의 주인이라고, 그분이 걸어가신 길이 우리 생명의 길이라고 여기며 따르고 있다. 그 이유는 무엇인가? 바로 그분이 죽음의 세력을 쳐부수고 부활하셨다는 사실 때문이다. "**두려워하지 마라. 너희가 십자가에 못 박히신 예수님을 찾는 줄을 나는 안다. 그분께서는 여기에 계시지 않는다. 말씀하신 대로 그분께서는 되살아나셨다.**"(마태 28,5-6) 그리고 부활하신 그분은 우리의 주님이 되셨다는 사실도 기억해야 한다. "**나는 하늘과 땅의 모든 권한을 받았다.**"(마태 28,18)

 그렇다면 십자가의 의미, 특별히 예수님의 십자가가 우리에게 말하고자 하는 것은 무엇인가? 믿는 이들에게 있어서 예수님의 십자가는 부활의 열쇠요, 전제 조건이다. 부활하고자 한다면, 아니 영원히 죽지 않고 살기를 바란다면 죽어야 한다. "**나는 부활이요 생명이다. 나를 믿는 사람은 죽더라도 살고, 또 살아서 나를 믿는 모든 사람은 영원히 죽지 않을 것이다. 너는 이것을 믿느냐?**"(요한 11,25-26) 그리고 죽는 것이 신자의 근본이요, 기본이다. "**제 목숨을 얻으려는 사람은 목숨을 잃고, 나 때문에 제 목숨을 잃는 사람은 목숨을 얻을**

것이다."(마태 10,39)

그럼 무엇을 죽이고 무엇을 얻을 것인가? 우리는 바로 자신의 이기적인 생각과 이해관계로부터 죽어야 한다. 그리고 그리스도 안에서 다시 태어나야 한다. 주님의 생각과 이해관계를 자신의 것으로 삼고 따라야 한다. "**누구든지 위로부터 태어나지 않으면 하느님의 나라를 볼 수 없다.**"(요한 3,3) 지금까지 살아오면서 체험을 통해 얻은 내 존재와 삶의 사고방식과 이해관계를 버리고, 주님의 것을 받아들여야 한다. 내가 살기 위해 너를 밟고 일어서는 방법에서 나를 죽여 너를 살리는 방법을, 그것이 진정 내가 살 수 있는 방법이라는 것을 받아들여야 한다. 이것이 십자가가 주님을 믿는 우리에게 주는 의미요 가르침이다.

복음서 저자들은 예수님의 십자가가 그분의 뜻에 따른 것이 아니라 하느님의 뜻에 따른 것이라는 점을 밝히고 있다. 그렇기에 예수님은 당신 자신의 생각을 버리고 하느님의 뜻을 받아들여 십자가를 짊어졌다고 말씀하신다. "아버지, 아버지께서 원하시면 이 잔을 저**에게서 거두어 주십시오. 그러나 제 뜻이 아니라 아버지의 뜻이 이루어지게 하십시오.**"(루카 22,42; 마태 26,42; 마르 14,36) 사도 바오로는 또한 예수님이 자신의 뜻을 버리고 아버지 하느님의 뜻을 따른 이유가, 하느님의 뜻이 인간의 뜻보다 우선하고 더 낫기 때문이라고 밝힌다. "유다인들은 표징을 요구하고 그리스인들은 지혜를 찾습니다. 그러나 우리는 십자가에 못 박히신 그리스도를 선포합니다. 그리스도는 유다인들에게는 걸림돌이고 다른 민족에게는 어리석음입니다. 그렇지만 유다인이든 그리스인이든 부르심을 받은 이들에게 그리스도는 하느님의 힘이시며 하느님의 지혜이십니다. 하느님의 어리석음이 사람보다 더 지혜롭고 하느님의 약함이 사람보다 더 강하기 때문입니다."(1코린 1,22-25)

지금까지 보아 온 바와 같이 우리가 십자가에 달리신 예수님을 주님으로 선포하려 하고, 십자가가 우리 신앙의 본모습이라고 외치는 이유는 바로 이것이다. 부활은 열매이지만, 십자가는 부활의 과정이요 전제 조건이다. 부활은 아직 보이지 않는 미래의 하느님 나라지만, 십자가는 오늘 여기 십자가를 짊어진 주님의 자녀들에게서 이미 드러나기 시작한 하늘나라의 문이요 그 열쇠이다. 그리고 십자가는 하느님께서 우리에게 주신 구원의 길이며, 주님께서 우리에게 주신 사명이다. "이들을 진리로 거룩하게 해 주십시오. 아버지의 말씀이 진리입니다. 아버지께서 저를 세상에 보내신 것처럼 저도 이들을 세상에 보냈습니다. 그리고 저는 이들을 위하여 저 자신을 거룩하게 합니다. 이들도 진리로 거룩해지게 하려는 것입니다." (요한 17,17-19)

그러므로 십자가 앞에서, 그것도 사람들의 구원을 위해 희생해야 할 순간에 "**마음에 여러 가지 의혹이**"(루카 24,38) 일도록 할 것이 아니라 기꺼이 짊어져야 한다. 그리고 그 십자가를 우리의 자랑이요 권리로 여길 수 있어야겠다. "**자랑하려는 자는 주님 안에서 자랑하라.**"(1코린 1,31) 그러면 십자가를 짊어지는 우리를 바라보는 사람들이, 우리가 바로 주님의 은총으로 회개했다는 것을 알 것이며, 우리를 통해 주님을 바라볼 수 있을 것이다. 그래서 주님은 그들도 회개의 길로 이끌어 주실 것이다. "성경에 기록된 대로, 그리스도는 고난을 겪고 사흘 만에 죽은 이들 가운데에서 다시 살아나야 한다. 그리고 예루살렘에서부터 시작하여, 죄의 용서를 위한 회개가 그의 이름으로 모든 민족들에게 선포되어야 한다. 너희는 이 일의 증인이다."(루카 24,46-48) 그때 비로소 십자가가 주님을 사랑함으로써 짊어지는, 주님 사랑에 대한 우리의 신앙고백이요 응답이 될 수 있을 것이다. "요한의 아들 시몬아, 너는 이들이 나를 사랑하는 것보다 더 나를 사랑하느냐? … 내 어린 양들을 돌보아라."(요한 21,15)

응답

- 지금 내가 짊어져야 할 십자가가 있습니까?
- 그 십자가를 주님께서 사랑으로 내게 주셨다고 받아들여 짊어질 수 있습니까?

11

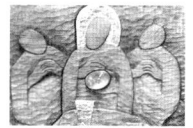 하늘에 계신
우리 아버지

주님의 기도 I

† 하느님의 자녀 되어,
　구세주의 분부대로 삼가 아뢰오니
◎ **하늘에 계신 우리 아버지,**
　아버지의 이름이 거룩히 빛나시며,
　아버지의 나라가 오시며,
　아버지의 뜻이 하늘에서와 같이 땅에서도 이루어지소서!
　오늘 저희에게 일용할 양식을 주시고,
　저희에게 잘못한 이를 저희가 용서하오니
　저희 죄를 용서하시고
　저희를 유혹에 빠지지 않게 하시고
　악에서 구하소서.

느낌

어떤 사람들은 이렇게 말합니다.

"입으로 기도를 중얼중얼 외우기만 하면 뭐해요? 우리가 바라는 기도를 우리 입으로 바치는 것이 더 낫지 않나요? 마음속에서 우러나오는 기도를 해야 하지 않나요?"

"아버지의 나라는 걱정도 근심도 아쉬움도 없는 지상의 천국이 아닌가요?"

또 어떤 사람들은 이렇게도 말합니다.

"주님의 기도를 바칠 때마다 예수님께서 얼마나 우리를 사랑하시고, 우리에게 당신을 주고자 하셨는지 가슴속 깊이 저며 와요."

"주님의 기도를 바치면 예수님께서 원하신 것이 무엇인지 깨닫게 됩니다."

"주님의 기도를 바칠 때면, 내가 주님께 무엇을 청해야 하고 어떻게 살아야 하는지 정확히 알게 되는 것 같아요."

나눔

- 하느님 아버지께서 나에게 원하시는 것이 무엇이라고 생각합니까?

말씀

주님의 기도(마태 6,9-13)

[6장]

⁹ 하늘에 계신 저희 아버지,
　아버지의 이름을 거룩히 드러내시며
¹⁰ 아버지의 나라가 오게 하시며
　아버지의 뜻이 하늘에서와 같이
　땅에서도 이루어지게 하소서.
¹¹ 오늘 저희에게 일용할 양식을 주시고
¹² 저희에게 잘못한 이를 저희도 용서하였듯이
　저희 잘못을 용서하시고
¹³ 저희를 유혹에 빠지지 않게 하시고
　저희를 악에서 구하소서.

새김

우리는 하느님 아버지께 많은 것을 청하면서 산다. 실제로 하느님의 은총만을 바라며 산다고 해도 과언이 아닐 것이다. 주님께서 주시지 않는다면 우리는 아무것도 얻을 수 없다. "**주님께서 집을 지어 주지 않으시면 그 짓는 이들의 수고가 헛되리라. 주님께서**

성읍을 지켜 주지 않으시면 그 지키는 이의 파수가 헛되리라."(시편 127,1) 우리가 하는 일에서부터 우리의 생명에 이르기까지 주님께서 주시지 않는다면, 어찌 우리가 숨이나 쉴 수 있겠는가? "**당신께서는 인간을 먼지로 돌아가게 하시며 말씀하십니다. '사람들아, 돌아가라.' 정녕 천 년도 당신 눈에는 지나간 어제 같고 야경의 한때와도 같습니다. 당신께서 그들을 쓸어 내시면 그들은 아침잠과도 같고 사라져 가는 풀과도 같습니다.**"(시편 90,3-5)

주님은 우리가 살 수 있도록 필요한 모든 것을 주신다. 그런데도 우리는 주어진 것에 만족하지 못한다. 항상 부족하고 모자란다고 불평하면서 욕심꾸러기처럼 더 달라고 하느님께 청하며 조르고 있다. 한편 정반대로 우리에게 주어진 것은 한쪽으로 감춰 두거나, 감사히 쓸 줄 몰라 낭비해 버리기도 한다. 남에게 주자니 아깝고 내가 쓰자니 만족할 수 없어서 한쪽에 내버려 두는 바람에, 나도 남도 못 쓰게 되어 결국 썩거나 폐기 처분해 버림으로써 자원을 고갈시키고 있다. 지구상의 다른 한쪽 사람들에게는 그것 때문에 생명이 왔다 갔다 하는데도 말이다. 하느님이 주신 것이 적어서 고생하는 것이 아니라, 소수의 사람들이 함께 나눠야 할 것들을 독차지하고 있어서 고생하는 것이다. 어리석고 욕심 많은 고집불통의 인간들. 이것이 바로 오늘 우리의 모습이다.

이제 우리는 계속 하느님께 이것저것 달라고만 할 것이 아니라, 한 번쯤 하느님이 우리에게 원하시는 것이 무엇인지도 생각해 보자. 그리고 우리가 "**청하기도 전에 무엇이 필요한지 알고 계신**"(마태

6,8) 하느님께 물어보자. 우리가 무엇을 청하기를 원하고 계신지 말이다. "**주님, 요한이 자기 제자들에게 가르쳐 준 것처럼, 저희에게도 기도하는 것을 가르쳐 주십시오.**"(루카 11,1) 이렇게 우리가 어떻게 해야 하는지를 주님께 묻고 가르쳐 주시는 대로 사는 길이, 우리가 걸어가야 하고 영원히 사는 길이 아니겠는가? 주님이 우리가 청하도록 가르쳐 주신 기도가 주님의 기도이다. 그 기도는 주님이 그토록 사랑하고 따랐던 아버지이신 하느님께서 다스리시는 나라와 연결되어 있다. 주님의 아버지께서 다스리시는 나라가 곧 하느님 나라다. 주님은 세상이 하느님 나라로 변화되기를, 우리가 그 나라에 들어가 살기를 원하신다. 왜냐하면 우리는 그 나라에서 진짜 사는 것같이 살 수 있기 때문이다.

주님이 우리에게 살라고 마련해 주신 나라. 그러므로 이 나라는 바로 우리가 신앙생활을 하면서 기다리고 기대하고 고대하는 그 나라여야 될 것이다. 그런데 정작 그런가? 주님께서 온몸을 다 바쳐 뛰셨고, 마침내 죽음 앞에서도 그토록 간절하게 이루고자 하셨으며, 이 나라를 마저 완성하도록 우리를 뽑으셔서 사명을 주기까지 하셨는데도 정작 우리는 그 나라를 원하고 있는가? 여기, 주님의 기도를 통해 우리가 주님께 청해야 할 하느님 나라와 그 나라를 이루는 길을 알아보기로 하자.

주님이 살아 계시던 세상은 로마의 식민지였고, 사람들은 정치적인 힘을 가진 메시아가 오기를 바랐다. 그러므로 예수님께서 아무리 참된 인간의 길과 가치를 이야기하고 기적을 베풀어도, 사람들은 예수님의 말을 귀담아 듣지 않았다. 오히려 예수님을 부담스러워하고, 심지어 죽이려는 움직임마저 일기 시작했다. 그 참담한 세상에서, 주님은 아버지 하느님께 기도하신다. "**아버지의 뜻이 이루어져, 무슨 짓을 하고 있는지도 모르는 저들을 용서하시고 구원해 주십시오!**"(루카 22,42; 23,34 참조) 그리고 주님은 우리에게 하느님 나라가 어떻게 이루어지는지를 잘 알아듣고, 그 나라에 들어가서 누리는 영생을 차지할 수 있도록 가르쳐 주셨다. 그 나라는 우리가 현세적인 욕망과 죄악의 굴레에서 해방되어 "**먼저 하느님의 나라와 그분의 의로움을 찾**"(마태 6,33)음으로써 들어가기 시작하는 나라이다.

사람들은 가끔 자신이 이겨 낼 수 없는 억울하거나 부당한 일을 당하고 나면 흔히 "하늘 무서운 줄 알아야지." 또는 "하늘이 무섭지도 않느냐?"며 분을 달랜다. 이러한 말이 자신의 위안이나 처세를 위해 하느님의 이름을 들먹인 것이 아니라면, 여기서 우리는 가난한 이들의 외침과 절규를 발견할 수 있다. "**하늘에 계신 저희 아버지**"(마태 6,9) 하느님이 땅에 계신다면 욕심 많고 힘 있는 사람들은 하느님을 자기 마음대로 조종하려고 할 것이다. 그러나 하느님이 하늘에 계시다는 말씀은 하느님은 사람이 조종할 수 없는 분이라는 뜻이다. "**누가 하늘에 올라갔다 내려왔느냐?**"(잠언 30,4) 그렇기 때문에 하느님은 억울한 이들과 약한 자들, 가난한 사람들의 외침을 모른 체하지 않으신다. "네 아우 아벨은 어디 있느냐? 네 아우의 피가 땅바닥에서 나에게 울부짖고 있다."(창세 4,9ㄴ.10ㄴ) "**주님께서는 모든 민족들 위에 높으시고 그분의 영광은 하늘 위에 높으시다. 누**

가 우리 하느님이신 주님과 같으랴? 드높은 곳에 좌정하신 분. 하늘과 땅을 굽어보시는 분. 억눌린 이를 먼지에서 일으켜 세우시고 불쌍한 이를 거름에서 들어 올리시는 분."(시편 113,4-7) 그분은 하늘에서 의인의 죽음을 기억하시고 그 원수를 갚아 주실 것이다. "**주님께서 보고 갚으실 것이다.**"(2역대 24,22ㄷ; 사제 여호야다의 아들 즈카르야의 유언) 또한 하늘에서 땅의 인간들에게 희망을 주신다. "**아, 당신께서 하늘을 찢고 내려오신다면! 당신 앞에서 산들이 뒤흔들리리이다.**"(이사 63,19)

그러나 한편 이렇게 거룩하신 하느님은 하늘에만 머물러 계시지 않고, 인간의 역사 안에 들어오셔서 우리와 함께 계신다. 인간의 아픔과 고통을 함께 겪어 주심으로써 우리에게 힘을 주고 계신다. 이스라엘 사람들은 이집트에서 해방되어 탈출할 때 이러한 주님의 보호와 이끄심을 직접 체험했다. "**주님께서는 밤새도록 거센 샛바람으로 바닷물을 밀어내시어, 바다를 마른 땅으로 만드셨다. 그리하여 바닷물이 갈라지자, 이스라엘 자손들이 바다 가운데로 마른 땅을 걸어 들어갔다. 물은 그들 좌우에서 벽이 되어 주었다.**"(탈출 14,21-22) "**주님께서는 그들이 밤낮으로 행진할 수 있도록 그들 앞에 서서 가시며, 낮에는 구름 기둥 속에서 길을 인도하시고, 밤에는 불기둥 속에서 그들을 비추어 주셨다. 낮에는 구름 기둥이, 밤에는 불 기둥이 백성 앞을 떠나지 않았다.**"(탈출 13,21-22) 그리고 그들이 어렵고 힘들 때마다 다른 어느 민족도 감히 대항하거나 건드릴 수조차 없는, 최고의 거룩하고 완전하신 분, 그 하느님을 체험해 왔다. 그래서 하느님께서 이스라엘을 특별히 사랑하실 뿐만 아니라 자기들과 함께 계신다는 것을 믿음으로 고백할 수 있었다. "'너희는 내가 이집트인들에게 무엇을 하고 어떻게 너희를 독수리 날개에 태워 나에게 데려왔는지 보았다. 이제 너희가 내 말을 듣고 내 계약을 지키면, 너희는 모든 민족들 가운데에서 나의 소유가 될 것이다. 온 세상이 나의 것이다. 그리고 너희는 나에게 사제들의 나라가 되고 거룩한 민족이 될 것이다.' 이것이 네가 이스라엘인들에게 알려 줄 말이다. 그러자 백성이 다 함께, '주님께서 이르신 모든 것을 우리가 실천하겠습니다.' 하고 대답하였다. 모세는 백성의 말을 주님께 그대로 아뢰었다."(탈출 19,4-6.8)

이러한 이스라엘의 거룩하신 하느님, 바로 그분이 신약에 와서 예수라는 인물을 통해 우리를 구원하시기 위해 현실에서 우리와 함께 계신다. "마리아가 아들을 낳으리니 그 이름을 예수라고 하여라. 그분께서 당신 백성을 죄에서 구원하실 것이다. 임마누엘은 번역하면 '하느님께서 우리와 함께 계시다.'는 뜻이다."(마태 1,21.23ㄴ) 예수님은 하느님의 아들이다. "보라, 이제 네가 잉태하여 아들을 낳을 터이니 그 이름을 예수라 하여라. 그분께서는 큰 인물이 되시고 지극히 높으신 분의 아드님이라 불리실 것이다."(루카 1,31-32ㄱ) 이렇게 하느님은 당신의 아들 예수를 우리와 같은 인간이 되게 하심으로써 우리 모두를 당신의 아들로 만들어 주셨다. "진정 여러분이 자녀이기 때문에 하느님께서 당신 아드님의 영을 우리 마음 안에 보내 주셨습니다. 그 영께서 '아빠! 아버지!' 하고 외치고 계십니다."(갈라 4,6)

예수님은 당신의 아버지를 우리 모두에게 아버지로 주셨다. 이를 가리켜 예수의 성녀 데레사는 다음과 같이 말했다. "**예수님은 가장 낮은 데까지 스스로를 낮추어서 우리와 함께 기도하기에 이르시고, 천하고 불쌍한 것들의 동기간이 되어 주셨습니다. 그리고 예수님의 아버지께서 우리를 자식으로 삼게 하시려고 베푸시는 모든 은혜를 오직 아버지의 이름으로 주십니다. 주님은 우리를 하느님의 자녀로 만들어 주셨을 뿐 아니라 상속자로, 양자로 입양시켜 주셨으며 적자로 입적시켜 주셨습니다. 그리고 성령은 우리들 마음에 불을 질러 주시고 뜨거운 사랑으로 우리를 당신과 결합하시게 함으로써 좋으신 아버지 곁에서 즐거워하고, 그분의 품 안에 안길 수 있도록 해야 하겠습니다.**"(『완덕의 길』, 200~204쪽, 바오로딸, 1973)

하느님은 이토록 인간을 사랑하셔서 구해 주시려고 하는데 세상은 어떤가? 세상 사람들이 자신에게 주어진 은총에 감사드리는가? 세상은 하느님께서 주신 은총에 보답하기 위해 이웃과 자연에게 봉사하기보다는, 자신들에게 주어진 재능과 힘을 사리사욕을 채우는 데 먼저 쓰려고 한다. 그리고 세상 사람들은 개인적이고 집단적인 이익만을 위해 다른 사람을 괴롭히기도 하고, 경우에 따라서는 이용하고 심지어 죽이기까지 한다. 이런 가운데서 사람이 자신을 만드신 하느님을 모실 줄 알고, 그 하느님이 만드신 또 다른 '나'인 '너'를 자기 생존의 도구요 희생물로 삼으려는 악의 손아귀에서 벗어나려면, 자기 머리와 손을 믿고 섬기는 것이 아니라 아버지를 섬겨야 한다. 세상이 하느님 나라로 변하려면, 온 세상 사람들이 하느님을 믿고 받들 때 가능하다. 이러한 신앙의 확신에서 우러나오는 유일한 희망의 절규가 **온 세상이 아버지를 하느님으로 받들게 하는**(마태 6,9ㄷ 참조) 청원이다. 그렇게 된다면 인간들끼리 사랑을 실천하는 것도 가능하게 될 것이다.

이 청원과 연관하여 예수의 성녀 데레사는 다음과 같이 말했다. "하느님께서는 우리의 힘이 너무 모자람을 보시고, 이 세상에서부터 당신의 나라를 마련해 주시지 않으면 우리가 영원하신 아버지의 이름을 기리고 높이고 거룩히 빛낼 수 없으리라는 것을 아셨습니다. 그래서 좋으신 예수님은 이 두 가지를 빌게 하신 것입니다. 우리는 알아야 하겠습니다. 빌고 있는 그것이 무엇인가를, 끊임없이 비는 것이 중요하다는 것을, 그리고 은혜를 내리시는 주님의 마음에 들도록 할 수 있는 모든 일을 해야 하겠습니다."(『완덕의 길』, 218-222쪽, 바오로딸, 1973)

"아버지의 이름이 거룩히 빛나시며"란 기도문은 '거룩히 빛나야 하는 아버지의 이름'이란 측면에서 바라볼 수 있다. 하느님이 당신의 이름을 가르쳐 주셨다는 것은 곧 당신 자신을 드러내셨다는 뜻이다. "나는 이집트에 있는 내 백성이 겪는 고난을 똑똑히 보았고, 작업 감독들 때문에 울부짖는 그들의 소리를 들었다. 정녕 나는 그들의 고통을 알고 있다. 그래서 내가 그들을 이집트인들의 손에서 구하여, 그 땅에서 저 좋고 넓은 땅, 젖과 꿀이 흐르는 땅, 곧 가나안족과 히타이트족과 아모리족과 프리즈족과 히위족과 여부스족이 사는 곳으로 데리고 올라가려고 내려왔다. 너는 이스라엘 자손들에게 '있는 나께서 나를 너희에게 보내셨다.' 하여라. 이것이 영원히 불릴 나의 이름이며, 이것이 대대로 기릴 나의 칭호이다."(탈출 3,7-

8,14ㄴ.15ㅁ) 그러므로 인간 사회에서, 하느님과 그분의 뜻을 거스를 수 없다는 사실이, 사람들 모두에게 명확히 드러나고 심어지기를 기대하는 희망이며 요청이다. 우리는 이를 "온 세상이 아버지를 하느님으로 받들게 하시며"란 청원의 또 다른 표현으로 받아들일 수 있다.

그러면 아버지께서 다스리시는 하느님 나라는 어느 곳에 있는 어떤 나라인가? "**아버지의 나라가 오게 하시며**"(마태 6,10) 아버지의 나라는 장소나 영역이 아니다. "그때에 누가 너희에게 '보라, 그리스도께서 여기 계시다!', 또는 '아니, 여기 계시다!' 하더라도 믿지 마라. 그러므로 사람들이 너희에게 '보라, 광야에 계시다.' 하더라도 나가지 마라. '보라, 골방에 계시다.' 하더라도 믿지 마라."(마태 24,23.26) 하느님 나라는 우리에게 하느님이 함께하심과 드러나심 그리고 지배하심을 뜻한다. "**하느님의 나라는 너희 가운데에 있다.**"(루카 17,21)

그러므로 어린이와 같이 순진한 마음으로 하느님 나라를 받아들임으로써 들어가는 나라(마르 10,15 참조)로서, 하늘나라를 차지할 마음이 가난한 사람들(마태 5,3 참조)처럼 밭에 있는 보물을 얻기 위해 있는 것을 다 팔아 그 밭을 사듯이(마태 13,44 참조) "위로부터 태어나"(요한 3,3: 공동 번역은 '새로 나') 주님의 말씀을 듣고 잘 깨달아 백 배 혹은 육십 배 혹은 삼십 배의 열매를 맺는 사람(마태 13,21 참조)이 들어가는 나라이다. 그래서 혹시 하늘나라를 펼치기 위해 "**의로움 때문에 박해를 받는 사람**"(마태 5,10)이 될지언정, 비록 "땅에 뿌릴 때에는 세상의 어떤 씨앗보다도 작다. 그러나 땅에 뿌려지면 자라

나서 어떤 풀보다도 커지고 큰 가지들을 뻗어, 하늘의 새들이 그 그늘에 깃들"(마르 4,31-32)이게 되는 겨자씨같이 작은 우리의 믿음을 세상이란 땅에 심어 놓으면 마치 "밀가루 서 말 속에 집어넣었더니, 마침내 온통 부풀어"(루카 13,21) 오르는 누룩처럼 하늘나라는 퍼져 나가 "먹고 마시는 일이 아니라, 성령 안에서 누리는 의로움과 평화와 기쁨"(로마 14,17)의 나라를 이룰 것이다.

그러기에 "불륜을 저지르는 자나 더러운 자, 탐욕을 부리는 자, 우상을 숭배하는 자, 간음하는 자, 도둑, 주정꾼, 중상꾼, 강도"(에페 5,5; 1코린 6,9-10 참조)는 들어갈 수 없으며 "'주님, 주님!' 한다고 모두 하늘나라에 들어가는 것이 아니다. 하늘에 계신 내 아버지의 뜻을 실행"(마태 7,21)해야 하며, "율법 학자들과 바리사이들의 의로움을 능가하"(마태 5,20)기 위해 "스스로 (계명을) 지키고 또 그렇게 가르치"(마태 5,19)며 살아야 한다. 왜냐하면 "살과 피는 하느님의 나라를 물려받지 못하고, 썩는 것은 썩지 않는 것을 물려받지 못합니다."(1코린 15,50) 오히려 "하느님의 나라는 말이 아니라 힘에 있기 때문입니다."(1코린 4,20)

그러므로 "두려워하지 마라. 너희 아버지께서는 그 나라를 너희에게 기꺼이 주기로 하셨다."(루카 12,32)는 주님의 말씀을 믿고, "모든 악행에서 구출하시고, 하늘에 있는 당신 나라에 들어갈 수 있게 구원해 주실 것"(2티모 4,18)이라는 희망을 간직한 채, "쟁기에 손을 대고 뒤를 돌아보는 자"(루카 9,62)처럼 현세에 대한 미련을 갖지 말고 "죽은 이들의 장사는 죽은 이들이 지내도록 내버려"(루카 9,60) 둘 정도로 급박하고 우선적으로 이 나라를 선포하면, "죽기 전에 하느님의 나라"(루카 9,27)가 비록 아직 완성되지는 않았어도 "이미 와 있는 것"(루카 11,20)을 맛볼 수 있을 것이다.

그러므로 이 청원에서 우리는 "하느님께서 오셔서 이 세상을 지배하소서. 세상을 어지럽히고 지배하려는 이들을 걷어 내시고, 당신의 영광을 드러내시고, 당신께서 직접 다스려 주셔서 억울하고 악에 시달리는 일이 없게 해 주소서. 이 세상에 당신의 권능을 드러내소서!" 하는 염원을 읽을 수 있다. 동시에 사람들에게도 올바르게 살라는 요청이다. 다른 한편으로는 종말의 심판을 예고하는 것이기도 하다. 왜냐하면 아버지의 나라는 사람들의 반대에도 불구하고, 결국은 올 것이기 때문이다. "**믿음으로써, 우리는 세상이 하느님의 말씀으로 마련되었음을, 따라서 보이는 것이 보이지 않는 것에서 나왔음을 깨닫습니다.**"(히브 11,3) 그렇기 때문에 "**우리는 보이지 않는 것을 희망하기에 인내심을 가지고 기다립니다.**"(로마 8,25)

아버지의 나라가 오기를 기도하면서 우리가 바라는 것은 무엇인가? 그것은 이미 본 바와 같이 '우리에게 하느님이 함께하심과 드러나심 그리고 지배하심을' 기대하는 것이다. 아버지께서는 이렇게 불평등하고 부당한 환경 속에서 우리를 해방시켜 주시고, 우리가 새 하늘과 새 땅에서 살게 해 주시리라. 다시 말하면 아버지께서 세상을 만드실 때 의도하셨던 뜻이 이루어지기를 바라는 것이다.

우리와 생명을 나누시기 위해 우리를 만드시고, 우리가 당신의 일을 함께하기 위해 우리에게 당신의 모상을 심어 주시고, 우리가 아버지로부터 떠난 후에도 당신과 하나 되기 위해 사랑을 베풀어 주고 계시는 그 아버지의 애정이 우리와 세상에 받아들여짐으로써 **"의로움과 평화와 기쁨"**(로마 14,17)을 누리기를 바라는 것이다. 그러므로 우리는 주님께서 가르쳐 주신 대로 **"아버지의 뜻이 하늘에서와 같이 땅에서도 이루어지게 하소서."**(마태 6,10) 하고 기도한다.

이 기도는 우리의 가슴속에서 피어오르고 스며드는 미움과 복수와 절망의 유혹을 극복하고, 용기를 내어 하느님께 우리 자신을 바치겠다는 다짐이다. 그리고 더 나아가 사람은 자신의 악한 뜻에도 불구하고 하느님 사랑의 힘을 믿음으로써, 하느님의 자비가 인간의 악의를 극복할 수 있다는 확신을 표현한 것이다.

예수의 성녀 데레사는 "스승님은 우리가 당신 아버님께 무엇을 드리기를 원하시며, 우리를 위하여 당신은 무엇을 아버지께 바치시며, 우리한테 요구하시는 것이 무엇인지 살펴보자"시며 "주의 뜻이 무엇인지, 당신의 뜻이 이루어지기를 마음속으로부터 비는 이들을 하느님은 어떻게 하시는지 알고 싶습니까? 여러분은 그분이 어떠한 결심을 가지고 당신의 의지를 몽땅 바치면서 기도하시는가를 생각해 보십시오. 그리고 시련과 고통과 모욕과 박해를 거쳐 마지막 십자가의 죽음에 이르기까지 하느님의 뜻이 그분 안에 얼마나 완전히 채워졌는가를 깊이 우러러보십시오."(『완덕의 길』, 233-237쪽, 바오로딸, 1973)라고 권고한다.

그리고 데레사 성녀는 그렇게 우리를 위해 당신 자신까지도 바치신 주님을 향한 우리의 자세에 대해 이야기한다. **"주님은 당신을 많이 사랑하는 사람이면 당신을 위하여 많이 참을 수 있음을 아시고, 적게 사랑하는 사람이면 적게 참는다는 것을 아십니다. 그러기에**

나는 큰 십자가, 혹은 작은 십자가를 질 수 있는 힘은 사랑의 무게에 달렸다고 봅니다. 사랑을 가졌으면 다만 하느님께 정중한 말씨를 드림으로써 그쳐서는 안 될 것이니, 용기를 가지고 당신의 뜻하신 바를 끝까지 해내십시오. 하느님께 온전히 우리를 바치는 것, 당신의 뜻에 우리의 뜻을 두는 것, 그리고 피조물을 이탈하는 것이 그것입니다.

'주님, 당신의 뜻이 내 안에 채워지소서.

주님이 원하시는 그대로 다 이루어지소서.

고생을 시키시는 것이 주님의 뜻이시면,

고생과 힘을 내게 주소서.

박해와 병고와 망신과 가난을 주시는 것이 당신의 뜻이시면,

여기 대령했나이다.

얼굴을 돌리지 않으리이다.

내 아버지시여, 어찌 감히 얼굴을 돌리겠습니까?

이미 당신 아드님이 전 인류의 이름으로

'내 뜻'을 당신께 온전히 바쳤사온데,

내 탓으로 그 말씀이 헛되어서야 되겠습니까?

내게 은혜를 내리시어 당신의 나라를 주시옵소서.

그리하여 아드님이 나를 위하여 비신 대로

당신 뜻을 채우게 하여 주소서.

나를 당신 것처럼 당신 뜻대로 다루어 주소서.'

당신은 아버지의 뜻을 얻는 길을 아시기 때문에 무엇을 가지고 어떻게 아버지를 섬길 수 있는가를 우리에게 가르쳐 주시는 것입니

다."(『완덕의 길』, 237-241쪽, 바오로딸, 1973)

응답

- 오늘 나에게 내려 주시는 아버지의 뜻은 무엇일까요?

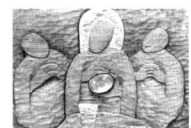 # 저희를 구하소서

주님의 기도 2

† 하느님의 자녀 되어, 구세주의 분부대로 삼가 아뢰오니
◎ 하늘에 계신 우리 아버지,
  아버지의 이름이 거룩히 빛나시며,
  아버지의 나라가 오시며,
  아버지의 뜻이 하늘에서와 같이 땅에서도 이루어지소서!
  오늘 저희에게 일용할 양식을 주시고,
  저희에게 잘못한 이를 저희가 용서하오니
  저희 죄를 용서하시고
  저희를 유혹에 빠지지 않게 하시고
  악에서 구하소서.

느낌

어떤 사람들은 이렇게 말합니다.

"주님의 기도를 바칠 때, 특히 '오늘 저희에게 일용할 양식을 주시고' 하는 부분을 바칠 때면 유난히 배고파요."

"아버지께서 음식을 다 주신다는데 굶어 죽는 사람은 왜 생기나요?"

또 어떤 사람들은 이렇게도 말합니다.

"주님의 기도를 바칠 때면 회개의 눈물이 흘러나오고 용서할 힘이 생기는 것 같아요."

"아마 주님의 기도가 주님께서 바치신 것이라 그런지, 크게 소리 내어 바치면 아버지께서 굽어보시고 들어주시는 것만 같아 가슴이 벅차요."

"어린이 미사 때 어린이들이 주님의 기도를 노래로 바치면서 끝부분에 큰 소리로 '아~ 아~ 멘.' 할 때, 정말 주님이 우리 모두를 반갑게 맞이해 주시는 것 같아요."

나눔

- 원하지 않는데도, 나도 모르게 습관적으로 죄를 짓는 경우가 있습니다. 죄를 지으면 악의 상태에 빠져 하느님과 멀어지게 됩니

다. 내가 고치려고 해도 자꾸만 저지르는 습관적인 잘못이나 죄가 있다면 무엇입니까?

− 악이 나를 지배하면, 내가 지금 화해해야 하는데도 그러고 싶지 않거나, 고쳐야 하는데도 고치고 싶지 않은 마음이 들게 합니다. 내게 그런 경우가 있습니까? 언제, 무슨 일입니까?

말씀

주님의 기도(마태 6,9−13)

[6장]

9 하늘에 계신 저희 아버지,
　아버지의 이름을 거룩히 드러내시며
10 아버지의 나라가 오게 하시며
　아버지의 뜻이 하늘에서와 같이
　땅에서도 이루어지게 하소서.
11 오늘 저희에게 일용할 양식을 주시고
12 저희에게 잘못한 이를 저희도 용서하였듯이
　저희 잘못을 용서하시고
13 저희를 유혹에 빠지지 않게 하시고
　저희를 악에서 구하소서.

새김

주님은 우리에게 아버지의 뜻이 이루어지는 아버지의 나라가 오기를 청하라고 가르쳐 주셨다. 그와 동시에 주님은 주님의 기도 후반부에서 우리가 그 나라에 들어가는 방법과 조건에 대해서도 알려 주신다. "**오늘 저희에게 일용할 양식을 주시고**"(마태 6,11) 우리는 기도만 하고 살 수 없다. 우스운 소리 같지만 실제로 먹어야 산다. 먹지 않으면 기도할 육체도 없어지니까 말이다. 주님은 우리가 육체에 갇혀 있어, 하고 싶은 대로 다 할 수 없는 한계를 지니고 있다는 것을 잘 아신다. 사도 바오로는 이러한 인간의 처지를 다음과 같이 표현했다. "**이 (지상) 천막집에서 우리는 탄식하며, 우리의 하늘 거처를 옷처럼 덧입기를 갈망합니다.**"(2코린 5,2) 그러나 동시에 우리는 육체를 통해 복음을 실현함으로써 우리를 완성시킨다. 주님은 이렇게 우리가 복음의 일을 하기 위해 살 수 있도록 양식을 달라고 청하신다.

한편으로 주님이 주시는 양식은 비단 씹어 먹는 육신의 양식뿐만 아니라 영혼의 양식을 포함한다. 주님 친히 "**사람은 빵만으로 살지 않고 하느님의 입에서 나오는 모든 말씀으로 산다.**"(마태 4,4)는 신명기 8장 3절을 인용하여 유혹하는 자를 물리치신 바 있다. 하느님의 입에서 나오는 말씀은 시몬 베드로의 고백처럼 우리에게 "**영원한 생명의 말씀**"(요한 6,68)이란 양식이다. 그리고 그 양식은 바로 하느님의 말씀으로 우리에게 오신 주님 자신이기도 하다. "**내가 생명의 빵이다.**"(요한 6,35) 우리에게 하느님의 말씀으로 오신 주님께서는 스스로 하느님의 말씀을 받아먹음으로써 십자가상 희생 제사를 바치셨다. 주님은 이렇게 하느님의 말씀을 이루는 것을 당신의 양식으로 삼으셨다. "나에게는 너희가 모르는 먹을 양식이 있다. 내 양식은 나를 보내신 분의 뜻을 실천하고, 그분의 일을 완수하는 것이다."(요한 4,32.34) 참으로 이 양식은 현세의 어느 누구나 어떤 사물로도 채울 수 없는 우리 본성의 근원적인 갈증과 외로움, 갈망을 채워 준다. 마치 우리가 봉사 활동을 하고 난 후나 마땅히 해야 하고 채워야 할 일을 함으로써 심리적으로 자부심을 갖게 되고 인격이 채워지는 듯 뿌듯함을 갖는 것처럼, 영혼의 갈증을 채워 준다. "나에게 오는 사람은 결코 배고프지 않을 것이며, 나를 믿는 사람은 결코 목마르지 않을 것이다. 나는 내 뜻이 아니라 나를 보내신 분의 뜻을 실천하려고 하늘에서 내려왔기 때문이다. 나를 보내신 분의 뜻은, 그분께서 나에게 주신 사람을 하나도 잃지 않고 마지막 날에 다시 살리는 것이다. 내 아버지의 뜻은 또, 아들을 보고 믿는 사람은 누구나 영원한 생명을 얻는 것이다. 나는 마지막 날에 그들을 다시 살릴 것이다."(요한 6,35.38-40)

그렇다. 주님께 우리가 청해서 얻을 빵은 우리가 걸어 나아가야 할 인생의 길이요, 주님께서 가르쳐 주신 그 길을 걸음으로써 우리가 얻게 될 생명이다. 길이신 말씀과 생명이신 성체성사로써 진리이신 사랑을 이루신 주님은 우리를 살리신다. 그래서 우리는 주님께서 주시는 힘으로 산다. "살아 계신 아버지께서 나를 보내셨고 내가 아버지로 말미암아 사는 것과 같이, 나를 먹는 사람도 나로 말미암아 살 것이다. 이것이 하늘에서 내려온 빵이다. 너희 조상들이 먹

고도 죽은 것과는 달리, 이 빵을 먹는 사람은 영원히 살 것이다."(요한 6,57-58)

그러므로 우리는 오늘도 기도한다. '세상에서 먹을 것이 없어서, 올바르게 사는 방법을 몰라서 굶주리고 목말라하는 이들에게 양식을 주시고, 그 양식을 받아먹음으로써 우리가 하느님의 자녀가 되게 해 주시고, 하느님 나라에서 누릴 영원한 양식을 이웃과 나누게 해 주십시오!'

예수의 성녀 데레사는 이렇게 풀이한다. "좋으신 예수님은 우리를 위하여 당신이 바치신 그 일이 나약한 우리에게는 얼마나 어려운 일인가를 잘 아십니다. 그리하여 당신은 우리에게 한 방법을 보여 주시고자 하였습니다. 우리는 바쳐야 모든 것을 얻는 만큼, 당신처럼 바치지 않고서는 우리에게 해롭다는 것을 아시기 때문이었습니다. 주님께서 가장 효과 있는 방법을 주시지 않았던들 어떻게 될 뻔했습니까? 우리를 위하여 하느님 아버지께 '당신의 뜻이 이루어지소서.'라고 하신 이 말씀을 온전히 지킬 사람은 거의 없을 뻔했습니다. 아드님이 우리를 위하여 죽으시게 한번 내어 주신 이상, 아드님은 이미 우리의 것으로 세상 마칠 때까지 다시는 우리한테서 도로 거두어가지 마시고 날마다 우리를 돕게 해 주시리라는 말씀일 것입니다. 아드님은 인간성을 지니시기에 우리와 하나가 되어 주십니다마는 당신의 의지를 지배하시는 하느님으로서 이미 당신 것이 되어 버린 인성을 우리에게 주실 수 있다는 것을 아버지께 알려드리는 것이니, 이 때문에 '우리의 빵'이라고 말씀하신 것입니다. '오늘 저희에게 주소서, 주님.' 나날의 우리의 빵(우리의 일용할 양식)이라함은 곧 당신을 가리키는 말씀으로 이해됩니다. '오늘'이란 말은 내 생각에 하루, 즉 더도 말고 세상에 사는 한동안이 아닌가 합니다. 당신이 '하루'만의 빵을 비시는 것은, 이미 언제까지든지 있을 지극히 거룩한 빵을 우리에게 주신 까닭이니, 즉 하느님께서 그 아드님을 우리에게 주시어 인류가 먹고 살 만나로 삼으셨습니다. 그러므로 우리가 원하는 대로 아드님을 얻을 수 있기 때문에 우리 탓이 아니면 굶어 죽을 리 없고, 영혼은 먹고 싶은 대로 무엇이든지 그 맛과 위안을 지극히 거룩한 성사에서 다 얻을 수 있을 것입니다. 한번 거기에 맛들이기 시작하면 아쉬움도 없을 것이고, 고생도 구박도 수월하게 넘길 수 있을 것입니다."(『완덕의 길』, 242-254쪽, 바오로딸, 1973)

그런데 가끔 먹을 것과 물질에 대한 소유와 그 처리 방식 때문에, 한 걸음 더 나아가 삶과 생명을 나누는 일에서 서로 일치하지 않을 때가 있다. 그래서 서로가 자신의 정당성을 밝히기 위해, 자신의 이익을 위해 상대를 단죄하게 된다. 그러나 생각해 보자. 물질보다 생명이 더 중요하지 않은가? 배불리 먹고 혼자 고립되는 것보다 함께 사는 것이 더 좋지 않은가? 남을 죽여야만 살 수 있는 인생보다 남과 함께 사는 인생이 더 행복하지 않은가? **"저희에게 잘못한 이를 저희도 용서하였듯이 저희 잘못을 용서하시고"**(마태 6,12) 이 기도는 나를 괴롭히는 사람의 죄를 용서하시고, 나는 절대로 남에게 그런 짓을 하지 않게 해 주시고, 우리의 잘못과 가끔 우리에게 위로나 도움을 청하는 이들을 못 본 체하고 지나친 우리의 빚을 용서해 주시고 청산해 주시기를 비는 것이다.

주님은 일찍이 이스라엘 사람들의 어리석은 행동에도 불구하고 그들을 용서하셨다. 주님은 무지몽매하고 어리석은 그들을 없애 버리기보다는 용서하고 다시 가르치는 길을 택하셨다. 왜냐하면 **주님께서는 무엇이든지 하고자 하시면 그럴 힘이 언제든지 있는 분**(지혜 12,18 참조)이기 때문이다. "에프라임아, 내가 어찌 너를 내버리겠느냐? 이스라엘아, 내가 어찌 너를 저버리겠느냐? 내가 어찌 너를 아드마처럼 내버리겠느냐? 내가 어찌 너를 츠보임처럼 만들겠느냐? 내 마음이 미어지고 연민이 북받쳐 오른다. 나는 타오르는 내 분노대로 행동하지 않고 에프라임을 다시는 멸망시키지 않으리라. 나는 사람이 아니라 하느님이다. 나는 네 가운데에 있는 '거룩한 이' 분노를 터뜨리며 너에게 다가가지 않으리라."(호세 11,8-9) 그리고 주님은 "수확 때까지 둘 다 함께 자라도록 내버려 두어라."(마태 13,30ㄱ)라고 하신다. 주님은 "정녕 당신의 완전한 권능이 불신을 받을 때에만 당신께서는 힘을 드러내시고 그것을 아는 이들에게는 오만한 자세를 질책하"(지혜 12,17ㄴ)실 뿐만 아니라, 오히려 "**지은 죄에 대하여 회개할 기회를 주신다는 희망을 당신의 자녀들에게 안겨 주**"(지혜 12,19ㄴ)신다.

예수의 성녀 데레사는 이 기도문에 대해 다음과 같이 말한다. "우리가 잘못이 없는 한 천상의 음식만 가지면 모든 것이 수월해지고, 우리 안에 아버지의 뜻이 이루어지시라 말씀하신 그대로를 잘 지키실 줄을 아십니다. '우리가 용서하듯이'라고 하셨습니다. 이는 방금 말한 이 큰 은혜를 청하는 사람, 하느님 뜻에다가 자기의 뜻을 둔 사람은 남을 용서하는 일을 벌써 끝냈어야 한다는 것을 깨우쳐 주시는 것입니다.

'주님, 깨우쳐 주소서.

우리는 스스로를 알지 못하며 빈손으로 당신께 나아가나이다.

당신은 자비하심으로 우리를 용서하여 주소서.

이승의 모든 것이 끝이 있어도

저지른 죄의 벌은 끝이 없사온데

우리는 주님 앞에 내놓고 용서를 받을 만한 것이

아무것도 없습니다.

다만, 이 큰 은혜를 당신께 비는 아드님만을 보시옵소서.'

자비이신 분에게 그토록 가까워져서 그 자비가 무엇인지를 깨닫고, 하느님께서 자기를 용서해 주신 것이 너무 많다는 것을 아는 사람이라면, 남이 자기를 모욕했기로서니 당장 쉽게 마음을 풀지 못하거나, 씻은 듯 부신 듯 부드럽게 대할 수 없다는 것이 나는 믿어지지 않습니다. 그런 사람이면, 주님께 받은 은혜와 위로를 생각하고 거기에서 그 크신 사랑의 보람을 느끼는 만큼, 미흡하나마 자기의 사랑을 보여 드리는 것을 즐거움으로 삼습니다. 그것은 하느님이 주시는 은혜가 아니라고 믿어야 할 것입니다."(『완덕의 길』, 259-267쪽, 바오로딸, 1973)

우리가 마음대로 안 되는 것이 있다. 생명을 나누고 싶어도, 용서하고 다시 화해하고 싶어도 하지 못하도록 막는 것은 아니지만, 마치 막는 듯이 잡고 딴생각을 갖도록 하고 우리의 결심을 약하게 만드는 것, 그것이 바로 악과 악의 유혹이다. 그것을 사도 바오로는 죄요, 악이라고 표현했다. "나는 내가 하는 것을 이해하지 못합니다. 나는 내가 바라는 것을 하지 않고 오히려 내가 싫어하는 것을 합니다. 그런데 내가 바라지 않는 것을 한다면, 이는 율법이 좋다는 사실을 내가 인정하는 것입니다. 그렇다면 이제 그런 일을 하는 것은 더 이상 내가 아니라, 내 안에 자리 잡고 있는 죄입니다. 여기에서 나는 법칙을 발견합니다. 내가 좋은 것을 하기를 바라는데도 악이 바로 내 곁에 있다는 것입니다."(로마 7,15-17.21) 그러면서도 한편 "피조물이 허무의 지배 아래 든 것은 자의가 아니라 그렇게 하신 분의 뜻이었습니다. 그러나 그것은 희망을 간직하고 있습니다."(로마 8,20)라고 한다. 한편 야고보 사도는 하느님이 사람을 시험하는 것이 아니라, 사람이 유혹을 반기기 때문이라고 한다. "**유혹을 받을 때에 '나는 하느님께 유혹을 받고 있다.' 하고 말해서는 안 됩니다. 하느님께서는 악의 유혹을 받으실 분도 아니시고, 또 아무도 유혹하지 않으십니다. 사람은 저마다 자기 욕망에 사로잡혀 꼬임에 넘어가는 바람에 유혹을 받는 것입니다.**"(야고 1,13-14). 그러므로 우리는 "**우리 주 예수 그리스도를 통하여 나를 구해 주**"(로마 7,25ㄱ)실 것이기 때문에 기도한다. "**저희를 유혹에 빠지지 않게 하시고 저희를 악에서 구하소서.**"(마태 6,13) 우리는 또한 어떻게 될지 모르는 불확실한 미래의 불안한 상황에서, 개인적으로나 공동체적으로 인간이 한계를 거부하며 육을 따라 살지(갈라 5,19-21) 아니하고 영을 따라 살기(갈라 5,22-23)를 청한다.

예수의 성녀 데레사는 '주님의 전 생애는 끊임없는 죽음'이었다고 하면서 이렇게 말했다. "주님은 행여나 우리가 깨달음 없이 속아 살세라 귀양살이를 하고 있는 모든 사람에게 필요한 이 기도를 하신 것입니다. 우리가 유혹에 빠지기를 허락지 마시고, 그 해독을 알려 주시며 빛과 진리를 우리에게 보여 주십사 구합시다. 주께서 숱한 영혼을 없앤다 해도 실상은 그가 꾀하는 악에서 선을 내어 주실 것입니다. 이는 하느님께서 우리의 속마음을 보시는 까닭이니, 당신을 기쁘게 해 드리고 섬기려고 하는 것이 우리의 뜻인 이상, 우리가 기도 중에 당신과 함께 있으면 하느님께서는 진실로써 우리를 대하십니다. 맛이나 위로에 있어서는 그래도 자기가 받는 줄 알고 더욱 더 섬길 마음이 생긴다 하지마는, 한편으로는 자기가 주거나 섬기거나 하듯이 주님께 받아야 할 권리가 있는 것처럼 생각하므로 차츰 커다란 해를 입게 되는 것입니다. 그리하여 겸손이 약화되는 한편, 이미 그 덕을 닦은 줄로 믿기 때문에 덕 닦기를 게을리 하게 되는 것입니다. 그러므로 우리를 유혹에 빠지지 말게 해 주십사고 영원하신 아버지께 빌고 또 비는 것이 그것입니다. 악마는 우리가 덕이 있는 것처럼 믿게 만든다는 것입니다. 가령 인내를 가지고 말해 봅시다. 우리는 참을 결심을 하고, 계속 주님을 위하여 더 많이 참겠다고 다짐합니다. 그리하여 우리는 사실상 많이 참는 것같이 생각되어지고, 따라서 마음은 무척 후련해집니다. 악마가 그렇게 믿도록 손을 썼기 때문입니다. 왜냐하면 누가 여러분의 비위를 건드리는 말 한마디만 하더라도 그 인내는 곧 땅에 떨어지고 말 터이니 말입니다. 참다운 겸손은 결코 영혼을 불안과 초조와 당황으로 몰아넣지 않고 도리어 평화와 기쁨과 안정을 가져다주는 법입니다."

(『완덕의 길』, 268-296쪽, 바오로딸, 1973))

　우리는 이렇게 주님께서 가르쳐 주신 기도의 내용이 이루어지기를 감히 청한다. 아버지의 뜻이 우리가 사는 이 세상에 이루어지고 우리가 그 나라에 들어갈 수 있도록, 아버지의 뜻을 알아듣고 깨달아 실천하는 사람이 될 수 있도록…. "**아멘**" 우리에게 오시어 우리가 "아멘" 할 수 있도록 해 주십시오. 우리의 희망이 이루어지도록. 주님밖에는 우리의 희망을 채워 주실 분이 없고, 우리에게 희망을 심어 주신 분이 바로 주님이라는 것을 확실히 믿기에 당신께 청합니다. "그러나 피조물만이 아니라 성령을 첫 선물로 받은 우리 자신도 하느님의 자녀가 되기를, 우리의 몸이 속량되기를 기다리며 속으로 탄식하고 있습니다. 사실 우리는 희망으로 구원을 받았습니다. 보이는 것을 희망하는 것은 희망이 아닙니다. 보이는 것을 누가 희망합니까? 우리는 보이지 않는 것을 희망하기에 인내심을 가지고 기다립니다. 이와 같이, 성령께서도 나약한 우리를 도와주십니다. 우리는 올바른 방식으로 기도할 줄 모르지만, 성령께서 몸소 말로 다할 수 없이 탄식하시며 우리를 대신하여 간구해 주십니다. 하느님을 사랑하는 이들, 그분의 계획에 따라 부르심을 받은 이들에게는 모든 것이 함께 작용하여 선을 이룬다는 것을 우리는 압니다."
(로마 8,23-26,28)
　예수의 성녀 데레사는 다음과 같이 기도를 마친다. "**주님, 내가 정말 못 견딜 일은 내가 정말 당신을 사랑하고 있는지, 내 뜻을 당신이 기꺼워하시는지, 이것을 똑똑히 알지 못하는 것입니다. 하느님, 허구 많은 악에서 나를 건져 주시고 행복이 있는 곳으로 나를 인도하소서. 비오니, 당신의 이름이 하늘과 땅에서 항상 빛나시고, 당신의 뜻이 내 안에 이루어지소서. 아멘."(『완덕의 길』, 297-300쪽, 바오로딸, 1973)

응답

- 요즈음 내가 용서해야 할 사람이 있습니까?
- "아멘!" 하고 힘주어, 주님께 바라는 것이 있습니까?

13

 주님의 평화가
항상 여러분과 함께

평화 예식

† 주 예수 그리스도님, 일찍이 사도들에게 말씀하시기를
"너희에게 평화를 두고 가며 내 평화를 주노라." 하셨으니
저희 죄를 헤아리지 마시고 교회의 믿음을 보시어
주님의 뜻대로 교회를 평화롭게 하시고 하나 되게 하소서.
주님께서는 영원히 살아 계시며 다스리시나이다.
◎ 아멘.

† 주님의 평화가 항상 여러분과 함께.
◎ 또한 사제와 함께.
† 평화의 인사를 나누십시오.
◎ 평화를 빕니다.

느낌

어떤 사람들은 이렇게 말합니다.

"평화가 무엇인가요? 전쟁이 없고, 병에 걸리지 않고, 집안 조용한 것을 말하는 것 아닌가요?"

"평화를 빈다고 해서 밑지는 것은 없으니까, 그냥 빈말로 나눈다고 인사하는 것이 아닐까요?"

"설날에 '새해 복 많이 받으십시오.' 하고 축원하는 것과 평화의 인사가 서로에게 축복을 빈다는 면에서 같은 의미가 아닐까요?"

"예수님이 주신다는 평화는 무엇인가요?"

또 어떤 사람들은 이렇게도 말합니다.

"평화의 축복을 빌 때면, 나도 남에게 착한 일 한 번 하는구나 하는 마음이 들어요."

"주님께서 주시는 평화를 진정으로 받고 싶어요."

"주님의 십자가 앞에선 정말 편해요. 감사하고요."

나눔

– 어떤 마음으로 평화를 빌어 줍니까?

말씀

제자들에게 나타나시어 사명을 부여하신 예수님(요한 20,19-29)

[20장]

[19] 그날 곧 주간 첫날 저녁이 되자, 제자들은 유다인들이 두려워 문을 모두 잠가 놓고 있었다. 그런데 예수님께서 오시어 가운데에 서시며, "평화가 너희와 함께!" 하고 그들에게 말씀하셨다. [20] 이렇게 말씀하시고 나서 당신의 두 손과 옆구리를 그들에게 보여 주셨다. 제자들은 주님을 뵙고 기뻐하였다. [21] 예수님께서 다시 그들에게 이르셨다. "**평화가 너희와 함께! 아버지께서 나를 보내신 것처럼 나도 너희를 보낸다.**" [22] 이렇게 이르시고 나서 그들에게 숨을 불어넣으며 말씀하셨다. "**성령을 받아라.** [23] **너희가 누구의 죄든지 용서해 주면 그가 용서를 받을 것이고, 그대로 두면 그대로 남아 있을 것이다.**"

[24] 열두 제자 가운데 하나로서 '쌍둥이'라고 불리는 토마스는 예수님께서 오셨을 때에 그들과 함께 있지 않았다. [25] 그래서 다른 제자들이 그에게 "우리는 주님을 뵈었소." 하고 말하였다. 그러나 토마스는 그들에게, "나는 그분의 손에 있는 못 자국을 직접 보고 그 못 자국에 내 손가락을 넣어 보고 또 그분 옆구리에 내 손을 넣어 보지 않고는 결코 믿지 못하겠소." 하고 말하였다.

[26] 여드레 뒤에 제자들이 다시 집 안에 모여 있었는데 토마스도 그들과 함께 있었다. 문이 다 잠겨 있었는데도 예수님께서 오시어 가운데에 서시며, "평화가 너희와 함께!" 하고 말씀하셨다. [27] 그러고

나서 토마스에게 이르셨다. "네 손가락을 여기 대 보고 내 손을 보아라. 네 손을 뻗어 내 옆구리에 넣어 보아라. 그리고 의심을 버리고 믿어라." [28] 토마스가 예수님께 대답하였다. "저의 주님, 저의 하느님!" [29] 그러자 예수님께서 토마스에게 말씀하셨다. "너는 나를 보고서야 믿느냐? 보지 않고도 믿는 사람은 행복하다."

새김

주님은 우리에게 "나는 너희에게 평화를 남기고 간다. 내 평화를 너희에게 준다. 내가 주는 평화는 세상이 주는 평화와 같지 않다. 너희 마음이 산란해지는 일도, 겁을 내는 일도 없도록 하여라."(요한 14,27)라고 하셨다. 그러면 세상이 주는 평화는 어떤 것인가? 세상은 우리에게 믿음을 버리도록 유혹한다. 세상은 우리에게 말한다. "이것을 보아라. 이것을 가져라. 그러면 행복해질 것이다." "이것을 배워라. 그리고 내 말을 들어라. 그래야 네가 살 수 있고 네 미래가 보장될 것이다." 그런데 정말 그런가? 한번 세상의 흐름을 따라가 보자. 세상이 주는 평화는 이웃을 밟고 올라서야만 얻을 수 있는 것이다. 경쟁 사회! 다른 이의 희생을 전제하고 그 희생이 나의 이익으로 합쳐질 때 비로소 내 행복이 보장된다. 자기 이익을 우선으로 삼는 자본주의 경제 사회! 세상이 요구하는 대로라면 다른 사람의 아픔이 나의 기쁨이 되고, 다른 사람의 불행이 나의 행복이 된다. 그러나 그것은 결과적으로 우리에게 기쁨보다는 씁쓸함과 비애를 안겨 준다. 그리고 내가 빼앗았던 것을, 언제 다시 다른 이에게 빼앗길지 몰라 불안해한다. 또 그것을 지키기 위해 이웃을 적으로 돌려 경계해야 한다. 그것이 경쟁과 경제 사회에서는 미덕과 성공이 될지 모르지만, 인간사회에서는 죽음과 공포다. 이것이 육체적인 세상에서 주는 평화다.

한편, 우리가 찾는 평화는 어떤 것인가? 우리가 찾는 평화는 하고 싶은 것, 얻고 싶은 것, 되고 싶은 것이 다 채워질 때 이루어진다고 생각한다. 그런데 실제로 그런가? 내가 가지고 싶은 것이 한두 개인가? 내가 하고 싶은 것에 한계가 있는가? 하나를 채우면 또 다른 하나, 또 다른 하나를 채우면, 더 큰 다른 하나…. 얻고 채웠을 때의 기쁨과 평화는 그때 그 순간에 그치고 만다. 곧 싫증을 내고 다른 것을 찾아 얻으려고 나아간다. 처음에는 목표와 방향이 긍정적이고 바람직했지만 점점 채우고 한 단계씩 올라갈 때마다, 올라가는 것 자체에 더 비중을 두게 되고 방향과 목표는 뒷전에 놓이기 십상이다. 요것만 더 가지면, 좀 더 여유가 생기면…. 그런데 오히려 없을 때보다, 모를 때보다 가지면 가질수록, 알면 알수록 더 많고 다양한 것이 우리로 하여금 만족하지 못하게 하고 삶과 의지의 방향을 잃고 혼란 속에 빠지게 한다. 마치 욕망의 굴레와도 같이!

그렇다면 주님이 주시는 평화는 어떤 것인가? 주님은 제자들에게 이렇게 말씀하셨다. "**내가 또 진실로 너희에게 말한다. 너희 가운데 두 사람이 이 땅에서 마음을 모아 무엇이든 청하면, 하늘에 계신 내 아버지께서 이루어 주실 것이다. 두 사람이나 세 사람이라도 내 이름으로 모인 곳에는 나도 함께 있기 때문이다.**"(마태 18,19-20)

주님이 말씀하시는 내 이름으로 모인 곳은 무엇을 가리키는가? 물론 주님의 이름으로 모인 교회의 품이다. 그렇다면 교회의 품에서 무엇이 일어나는가? 그곳은 바로 주님의 사랑이 재현되는 곳이다. 주님의 사랑이라면 바로 주님 십자가의 희생 제사를 가리킨다. 즉, 너를 살리기 위해 나를 희생하는 사랑이다. 그리고 그 사랑이 바로 주님께서 주시는 평화이다. "**그날, 너희는 내가 아버지 안에 있고 또 너희가 내 안에 있으며 내가 너희 안에 있음을 깨닫게 될 것이다. 평화가 너희와 함께! 아버지께서 나를 보내신 것처럼 나도 너희를 보낸다.**"(요한 14,20; 20,21) 아버지와 아들이 사랑으로 함께함으로써 생겨나고 누리게 되는 평화. 그 평화를 이루는 사랑이 실현되는 곳에서 아버지께 마음을 모아 구하면 무엇이든 다 들어주시리라는 약속이다. 우리는 이 약속을 들으며 부모님들, 특별히 한국 노인들의 이마에 명예처럼 그려져 있는 주름살을 떠올린다. 자식을 위해 모든 것을 다 내주었기 때문에, 심지어 자존심마저 다 내주었기 때문에 노년에 자기 것으로 남은 것이 아무것도 없는 우리의 부모님들. 다만 그 흔적으로 인생의 훈장처럼 주름살과 쪼그라진 얼굴과 손과 몸이 남았을 뿐이다. 그분들은 우리에게 아버지와 어머니가 아닌 남자 또는 여자로서의 자기 인생을 주장해 본 적이 없다. 그리고 한 인간으로서의 개별적인 삶을 위해 자식들을 희생시켜 본 적도 없다. 이러한 모습 속에서 우리는 너를 살리기 위한 주님의 희생을 발견할 수 있다.

그런데 마태오 복음서 18장에서 우리는 주님의 평화를 얻기 위해 주님의 이름으로 모여 주님께 마음을 모아 청하는 과정이 그리간단하지 않다는 사실을 깨닫게 된다. 그것은 바로 용서를 전제하는 것이기 때문이다. 예수님의 약속을 들으며 베드로는 주님께 묻는다. **"주님, 제 형제가 저에게 죄를 지으면 몇 번이나 용서해 주어야 합니까? 일곱 번까지 해야 합니까?"**(마태 18,21) 참으로 현실적인 질문이다. 아니, 마치 우리의 현실을 대변하고 강변하는 탄원처럼 들리기까지 한다. 너를 살리기 위한 나의 희생! 그런데 희생이랄 수 있는 용서가 현실적으로 얼마나 어려운 것인지! 마음먹기에 달린 것도 아니다. 간혹 이성으로는 용서가 된다. 왜냐하면 주님께서 십자가상에서 **"아버지, 저들을 용서해 주십시오. 저들은 자기들이 무슨 일을 하는지 모릅니다."**(루카 23,34)라고 기도하신 것처럼, 사람들은 자신들의 말과 행위가 상대에게 어떤 고통과 피해를 끼치는지 모르는 경우가 다반사이기 때문이다. 예수님이 하느님의 아들이요 구세주라는 사실을 유다인들이 알았다면 그분을 십자가에 못 박았을 리가 없지 않는가? 자신들을 위해 더 빌면 빌었지. 그러나 가슴속에 스며들고 맺힌 감정을 어떻게 지울 수 있겠는가? 복수는커녕 다시 보고 싶지도 않은 그 얼굴, 그 모습을. 하지만 주님은 우리의 이러한 연약함을 위해 성령을 보내 주셨다. **"성령을 받아라. 너희가 누구의 죄든지 용서해 주면 그가 용서를 받을 것이고, 그대로 두면 그대로 남아 있을 것이다."**(요한 20,22-23) "성령께서도 나약한 우리를 도와주십니다. 우리는 올바른 방식으로 기도할 줄 모르지만, 성령께서 몸소 말로 다할 수 없이 탄식하시며 우리를 대신하여 간구해 주십니다. 마음속까지 살펴보시는 분께서는 이러한 성령의 생각이 무엇인지 아십니다. 성령께서 하느님의 뜻에 따라 성도들을 위

하여 간구하시기 때문입니다."(로마 8,26-27)

주님이 토마스에게 **"의심을 버리고 믿어라."**(요한 20,27) 하고 말씀하셨다. "현실적으로 그리고 인간이기에 힘듭니다." 하는 우리의 강변強辯은 주님의 십자가 앞에서 한낱 핑계나 거부밖에 되지 않는다. 세상의 죄악을 쳐 이기고 부활하셔서 우리의 구세주가 되신 주님! 그 주님을 믿고 청하자. 십자가와 성체성사의 주인이신 주님께! 용서와 화해의 대명사인 주님께 용서를 청하고 화해의 은총을 청하자. 그리고 주님과 일치하여 평화의 나라를 이루어 나가자. 진정으로 평화를 빌어 주자. 단순히 자존심을 접어 두는 심리적인 변화를 넘어, 적극적으로 너를 살리고 다시 일으키기 위한 나의 희생과 노고를 주님께 봉헌하면서. **"일곱 번이 아니라 일흔일곱 번까지라도 용서해야 한다."**(마태 18,22)

응답

- 주님의 평화를 원하십니까? 그렇다면 가족에게 자신을 내주세요.
- 주님 평화의 나라를 만들고 싶습니까? 그렇다면 이웃을 용서하고 그를 위해 기도하며 그를 일으켜 주세요.
- 하고 싶습니까? 그러면 주님을 믿고 받아들이십시오.

14

 하느님의 어린양

하느님의 어린양

◎ 하느님의 어린양, 세상의 죄를 없애시는 주님.
 자비를 베푸소서.
 하느님의 어린양, 세상의 죄를 없애시는 주님.
 자비를 베푸소서.
 하느님의 어린양, 세상의 죄를 없애시는 주님.
 평화를 주소서.

† 하느님의 어린양, 세상의 죄를 없애시는 분이시니
 이 성찬에 초대받은 이는 복되도다.

느낌

어떤 사람들은 이렇게 말합니다.

"왜 하느님은 죄인을 벌하지 않으시고 죄 없는 당신의 아들을 속죄 제물로 내놓으셨나요?"

"예수라는 한 인간이 죽는 것이 어떻게 사람들의 구원과 연결되나요?"

또 어떤 사람들은 이렇게도 말합니다.

"미사에서 신부님이 성체를 들어 올릴 때, 성체 뒤에 있는 성당 벽면의 십자가와 일치할 때마다 주님께서 우리를 먹여 살리기 위해 돌아가셨다는 것을 절실히 느끼게 돼요."

"성체가 들어 올려질 때마다 내가 주님 대전에 들어 올려지는 것을 느껴요. 나도 주님을 따라 세상 앞에 들어 올려지는 것 같아요."

나는

– 주님께서 내 죄를 사해 주기 위해 우리를 부르고 계신다는 것을 느낍니까?

말씀

'주님의 종'의 넷째 노래(이사 52,13-53,12)

[52장]

¹³ 보라, 나의 종은 성공을 거두리라. 그는 높이 올라 숭고해지고 더없이 존귀해지리라. ¹⁴ **그의 모습이 사람 같지 않게 망가지고 그의 자태가 인간 같지 않게 망가져 많은 이들이 그를 보고 질겁하였다.** ¹⁵ 그러나 이제 그는 수많은 민족들을 놀라게 하고 임금들도 그 앞에서 입을 다물리니 이제까지 알려지지 않은 것을 그들이 보고 들어 보지 못한 것을 깨닫기 때문이다.

[53장]

¹ 우리가 들은 것을 누가 믿었던가? 주님의 권능이 누구에게 드러났던가? ² 그는 주님 앞에서 가까스로 돋아난 새순처럼, 메마른 땅의 뿌리처럼 자라났다. 그에게는 우리가 우러러볼 만한 풍채도 위엄도 없었으며 우리가 바랄 만한 모습도 없었다. ³ 사람들에게 멸시받고 배척당한 그는 고통의 사람, 병고에 익숙한 이였다. 남들이 그를 보고 얼굴을 가릴 만큼 그는 멸시만 받았으며 우리도 그를 대수롭지 않게 여겼다.

⁴ 그렇지만 그는 우리의 병고를 메고 갔으며 우리의 고통을 짊어졌다. 그런데 우리는 그를 벌 받은 자, 하느님께 매 맞은 자, 천대받은 자로 여겼다. ⁵ 그러나 그가 찔린 것은 우리의 악행 때문이고 그가 으스러진 것은 우리의 죄악 때문이다. 우리의 평화를 위하여 그

가 징벌을 받았고 그의 상처로 우리는 나았다. ⁶ 우리는 모두 양 떼처럼 길을 잃고 저마다 제 길을 따라갔지만 주님께서는 우리 모두의 죄악이 그에게 떨어지게 하셨다. ⁷ 학대받고 천대받았지만 그는 자기 입을 열지 않았다. 도살장에 끌려가는 어린 양처럼 털 깎는 사람 앞에 잠자코 서 있는 어미 양처럼 그는 자기 입을 열지 않았다. ⁸ 그가 구속되어 판결을 받고 제거되었지만 누가 그의 운명에 대하여 생각해 보았던가? 정녕 그는 산 이들의 땅에서 잘려 나가고 **내 백성의 악행 때문에 고난을 당하였다.** ⁹ 폭행을 저지르지도 않고 거짓을 입에 담지도 않았건만 그는 악인들과 함께 묻히고 그는 죽어서 부자들과 함께 묻혔다.

¹⁰ 그러나 **그를 으스러뜨리고자 하신 것은 주님의 뜻이었고 그분께서 그를 병고에 시달리게 하셨다.** 그가 자신을 속죄 제물로 내놓으면 그는 후손을 보며 오래 살고 그를 통하여 주님의 뜻이 이루어지리라.

¹¹ 그는 제 고난의 끝에 빛을 보고 자기의 예지로 흡족해하리라. 의로운 나의 종은 많은 이들을 의롭게 하고 그들의 죄악을 짊어지리라. ¹² 그러므로 나는 그가 귀인들과 함께 제 몫을 차지하고 강자들과 함께 전리품을 나누게 하리라. 이는 그가 죽음에 이르기까지 자신을 버리고 무법자들 가운데 하나로 헤아려졌기 때문이다. 또 그가 많은 이들의 죄를 메고 갔으며 무법자들을 위하여 빌었기 때문이다.

새김

구약 성경 시대부터 사람들은 죄를 많이 지으면 죽게 된다고 생각해 왔다. 좀 더 정확히 말하면 '죄는 죽음을 가져온다'(로마 5,12 참조: "**한 사람을 통하여 죄가 세상에 들어왔고 죄를 통하여 죽음이 들어왔듯이, 또한 이렇게 모두 죄를 지었으므로 모든 사람에게 죽음이 미치게 되었습니다.**")고 믿었다. 또 그와 연관하여 사람의 외적인 흉함이나 질병, 현세적이고도 물질적으로 부귀영화를 누리지 못하는 것을 죄로 인한 벌로 이해해 왔다. 이러한 인식 속에서 고대 근동 지방의 사람들은 죽은 이들에게 자신의 죄를 대신 짊어져 달라고 기원하기도 했다. 그리고 인간의 속죄를 위한 제물로 동물은 물론이요 인간을 바치기도 했다. 이러한 모습은 죽은 친인척, 특히 부부의 경우 배우자가 사망했을 때 그 시신을 두고 "자식들의 질병이나 불행을 다 안고 가시라."고 청하는 우리의 풍습에서도 찾아볼 수 있다.

이렇게 인간이 죄로 인해 불행을 겪는다는 사고방식은 십자가에 달리신 예수님이 인간의 구세주란 사실을 순순히 받아들이기 어렵게 하고 있다. 구세주가 왜 죽어야 하는가? 그것도 죄인처럼? 우리는 대개 일정한 공간을 차지하고 산다. 그리고 눈으로 보고, 귀로 듣고, 손으로 만지고 느끼면서 이웃과 관계를 맺고 살도록 만들어졌다. 그렇기 때문에 우리는 진짜 모습이 어떻든 간에 눈으로 봤을 때 부담스럽지 않고 편안한 느낌을 주는 대상에 호감을 가진다. 반면 어딘가 찢어졌다거나, 대칭을 이루고 있지 않다거나, 기준이 다소 모호하더라도 균형을 이루지 않은 것을 보면 그다지 좋지 않다고 여기게 된다. 이렇게 인간이 세상에 존재하는 것과 유사하거나 자연스럽게 일치하는 것에 대해서는 호감을 보내지만, 그렇지 않은 경우에는 경계심과 거부감을 가지게 된다.

그렇기에 비참함과 벌의 상징인 죽음에 처해진 십자가상의 예수님과 권능과 거룩함의 상징인 하느님이 인간의 편향된 사고 안에서는 서로 충돌과 긴장을 가져오는 것이다. "우리가 들은 것을 누가 믿었던가?"(이사 53,1) 왜냐하면 "그의 모습이 사람 같지 않게 망가지고 그의 자태가 인간 같지 않게 망가져 많은 이들이 그를 보고 질겁하였"(이사 52,14)기 때문이다. 구약 성경에 나오는 '주님의 종'에 관한 이 기사는, 실제로 인간의 속죄를 위한 제물로서의 모습을 전형적으로 그리고 있다. 이 기사는 한편으로 이스라엘이 전쟁에 져서 바빌론에 노예로 끌려가 수난당하는 이스라엘의 의인들을 그린 것이기도 하지만, 우리는 여기서 그리스도의 수난의 신학적인 배경을 찾아볼 수 있다. "그렇지만 그는 우리의 병고를 메고 갔으며 우리의 고통을 짊어졌다. 그런데 우리는 그를 벌 받은 자, 하느님께 매 맞은 자, 천대받은 자로 여겼다. 그러나 그가 찔린 것은 우리의 악행 때문이고 그가 으스러진 것은 우리의 죄악 때문이다. 우리의 평화를 위하여 그가 징벌을 받았고 그의 상처로 우리는 나았다. 우리는 모두 양 떼처럼 길을 잃고 저마다 제 길을 따라갔지만 주님께서는 우리 모두의 죄악이 그에게 떨어지게 하셨다. 정녕 그는 산 이들의 땅에서 잘려 나가고 내 백성의 악행 때문에 고난을 당하였다." (이사 53,4-6.8ㄴ)

구약 성경에서 욥기를 통해 선한 사람이 왜 고통을 받는가에 대해 질문을 제기했던 이스라엘 사람들은, '주님의 종'의 노래를 통해 하느님은 죄인들의 죗값을 선하고 죄 없는 인간에게 대신 물으심으로써 죄인들의 죄를 씻고 세상을 구원하고자 하신다는 것을 발견하였다. 그가 그렇게도 비참하게 죽음으로 내몰린 이유는, 바로 그가 인간의 속죄 제물로 바쳐졌기 때문이며, 하느님 아버지께서 그를 통해 우리를 구원하기로 하셨기 때문이다. "**그를 으스러뜨리고자 하신 것은 주님의 뜻이었고 그분께서 그를 병고에 시달리게 하셨다. 그가 자신을 속죄 제물로 내놓으면 그는 후손을 보며 오래 살고 그를 통하여 주님의 뜻이 이루어지리라.**"(이사 53,10)

이에 덧붙여 우리는 레위기에 나오는 여러 가지 제사들 가운데 '속죄 제사'와 '희생 제사'가 이스라엘에만 있는 독특한 제사라는 연장선 안에서, 예수님의 십자가상 죽음이 왜 제자들과 초대 교회 유다계 그리스도교 신학자들에게 많은 사람의 죄를 용서해 주기 위한 희생 제물로 비춰졌는지 쉽게 이해할 수 있다.

실제로 초대 교회 공동체는 구약에 나오는 '주님의 종'의 전승을 염두에 두고 예수님의 수난을 이해해 왔다. 요한 복음사가는 세례자 요한의 입을 빌어 속죄 제물이신 예수님에 대해 선포하도록 한다. "**보라, 세상의 죄를 없애시는 하느님의 어린양이시다.**"(요한 1,29ㄴ) 그분은 바로 하느님의 성령으로 오신 하느님의 아드님이다. "**물로 세례를 주라고 나를 보내신 그분께서 나에게 일러 주셨다. '성령이 내려와 어떤 분 위에 머무르는 것을 네가 볼 터인데, 바로 그분이 성령으로 세례를 주시는 분이다.' 과연 나는 보았다. 그래서 저 분이 하느님의 아드님이시라고 내가 증언하였다.**"(요한 1,33-34) 또한 사도행전 8장 26절에서 40절(특히 32-33절)을 보면, 필리포스가 에티오피아의 내시에게 성경을 풀이해 줄 때, 이 '주님의 종'을 예수님과 연관시켜 설명한 후 그의 청에 따라 그에게 세례를 주는 장면이 나온다. 그리고 베드로의 첫째 서간 2장 24절과 25절에서도 그렇다. "그분께서는 우리의 죄를 당신의 몸에 친히 지시고 십자 나무에 달리시어, 죄에서는 죽은 우리가 의로움을 위하여 살게 해 주셨습니다. 그분의 상처로 여러분은 병이 나았습니다. 여러분이 전에는 양처럼 길을 잃고 헤매었지만, 이제는 여러분 영혼의 목자이시며 보호자이신 그분께 돌아왔습니다."

교회는 성경의 구세사적인 전망 안에서, 탄생부터 죽으심에 이르기까지 예수님의 전 생애를 인간의 구원을 위한 희생 제사로 그리고 있다. **"그리스도께서는 세상 창조 이전에 이미 뽑히셨지만, 마지막 때에 여러분을 위하여 나타나셨습니다."**(1베드 1,20) **"우리가 아직 나약하던 시절, 그리스도께서는 정해진 때에 불경한 자들을 위하여 돌아가셨습니다."**(로마 5,6) 그리고 구약에서 이스라엘 민족을 노예살이에서 해방시키기 위해 이집트인들을 치던 하느님의 마지막 재앙에서 살아남기 위해, 이스라엘인의 집 문설주에 바르던 양과 예수님 죽음의 의미가 일치함을 제시하면서 예수님을 파스카 양에 비유한다. 유다인들이 파스카 양을 잡던 파스카 축제 준비일의 낮 12시경에 돌아가신 주님. **"그날은 파스카 축제 준비일이었고 때는 낮 열두 시쯤이었다."**(요한 19,14) 인류를 죽음의 운명에서 해방시켜 영원한 생명의 길로 접어들도록 해 주신 주님. 그분은 바로 인류를 죄악의 굴레에서 해방시키는 속죄 제물, 즉 구원을 위한 파스카의 어린양이시다.

한편, 이렇게 자신의 수난으로 세상을 구하시는 그리스도 예수 주님을 믿는 우리 신앙생활의 자세에 대해 사도 바오로는 이렇게 밝히고 있다. "나는 여러분을 위하여 고난을 겪으며 기뻐합니다. 그리스도의 환난에서 모자란 부분을 내가 이렇게 그분의 몸인 교회를 위하여 내 육신으로 채우고 있습니다."(콜로 1,24) 베드로 사도 역시 시련에 빠지는 경우가 있더라도 놀라지 말라고 하면서 이렇게 말한다. "오히려 그리스도의 고난에 동참하는 것이니 기뻐하십시오. 그러면 그분의 영광이 나타날 때에도 여러분은 기뻐하며 즐거워하게 될 것입니다."(1베드 4,13) 그러므로 우리는 병고와 아픔을 겪을 때마다 그것을 우리의 죄로 인한 벌로만 받아들일 것이 아니라, 그 고통을 부둥켜안고 주님이 세상을 구원하시고자 하는 수난에 기꺼이 참여함으로써, 주님의 남은 고난을 내 몸으로 채우는 삶을 살아야겠다.

미사의 영성체 예식에서 우리는 성체를 성반으로 받쳐 들어 올리고 "**하느님의 어린양, 세상의 죄를 없애시는 분이시니, 이 성찬에 초대받은 이는 복되도다.**" 하며 외치는 사제의 함성 속에서 "**모세가 광야에서 뱀을 들어 올린 것처럼, 사람의 아들도 들어 올려져야 한다.**"(요한 3,14)던 주님의 음성과 그분 수난의 의미를 다시 한 번 듣는다. 성금요일 십자가 경배 예절 때 사제가 외치는 구원의 선포를 생각해 보자. "**보라, 십자 나무, 여기 세상 구원이 달렸네.**" 그것은 바로 믿는 사람은 누구나 영원한 생명을 얻게 하려는 주님의 초대이며 구원의 식탁으로의 초대이자 은총의 축제이다. "**믿는 사람은**

누구나 사람의 아들 안에서 영원한 생명을 얻게 하려는 것이다. 하느님께서는 세상을 너무나 사랑하신 나머지 외아들을 내주시어, 그를 믿는 사람은 누구나 멸망하지 않고 영원한 생명을 얻게 하셨다."
(요한 3,15-16)

응답

- 나는 오늘의 삶 속에서 어떻게 주님의 수난에 참여할 수 있겠습니까?

15

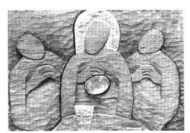 한 말씀만 하소서
제가 곧 나으리이다

영성체

† 하느님의 어린양, 세상의 죄를 없애시는 분이시니,
 이 성찬에 초대받은 이는 복되도다.
◎ 주님, 제 안에 주님을 모시기에 합당치 않사오나
 한 말씀만 하소서. 제가 곧 나으리이다.

느낌

어떤 사람들은 이렇게 말합니다.
"성체를 어떤 자세로 영해야 하나요?"
"성체를 모시면 병이 낫나요?"
"성체를 모시고 싶어도, 죄가 많아서 성체 모실 자격이 안 돼요."

또 어떤 사람들은 이렇게도 말합니다.

"신부님이 성체를 들어 올릴 때 성체 안에서 빛이 나오고 한 분이 앉아 계신 것이 보여요. 그분이 예수님 맞죠?"

"항상 죄 많고 부족하다고 느끼지만, 우리에게 생명을 주시는 주님을 겸손되이 모십니다."

"주님께서 주고자 하시는데 어떻게 거절할 수 있어요? 그건 겸손이 아니라 거부가 될까 봐 오히려 걱정이 돼요."

"성체를 모시면 감격의 눈물을 흘려요. 주님께서 제게 얼마나 잘해 주시는지 알거든요. 저에게 진정 분에 넘치는 은혜를 베풀어 주세요."

나눔

– 성체를 어떤 마음으로 모십니까?
– 성체 안에 계신 주님을 믿습니까?
– 성체를 영하면서 무엇을 청합니까?

말씀

백인대장의 병든 종을 고치시다 (마태 8,5-13)

[8장]

⁵ 예수님께서 카파르나움에 들어가셨을 때에 한 백인대장이 다가와 도움을 청하였다. ⁶ 그가 이렇게 말하였다. "주님, 제 종이 중풍으로 집에 드러누워 있는데 몹시 괴로워하고 있습니다." ⁷ 예수님께서 "내가 가서 그를 고쳐 주마." 하시자, ⁸ 백인대장이 대답하였다. "**주님, 저는 주님을 제 지붕 아래로 모실 자격이 없습니다. 그저 한 말씀만 해 주십시오. 그러면 제 종이 나을 것입니다.** ⁹ 사실 저는 상관 밑에 있는 사람입니다만 제 밑으로도 군사들이 있어서, 이 사람에게 가라 하면 가고 저 사람에게 오라 하면 옵니다. 또 제 노예더러 이것을 하라 하면 합니다." ¹⁰ 이 말을 들으시고 예수님께서는 감탄하시며 당신을 따르는 이들에게 이르셨다. "내가 진실로 너희에게 말한다. **나는 이스라엘의 그 누구에게서도 이런 믿음을 본 일이 없다.** ¹¹ 내가 너희에게 말한다. 많은 사람이 동쪽과 서쪽에서 모여 와, 하늘 나라에서 아브라함과 이사악과 야곱과 함께 잔칫상에 자리 잡을 것이다. ¹² 그러나 하느님 나라의 상속자들은 바깥 어둠 속으로 쫓겨나, 거기에서 울며 이를 갈 것이다." ¹³ 그리고 예수님께서는 백인대장에게 말씀하셨다. "가거라. **네가 믿은 대로 될 것이다.**" 바로 그 시간에 종이 나았다.

새김

로마의 백인대장은 주님께 자기 종을 고쳐 달라고 간절히 청하면서도, 자신의 방법대로 주님이 움직여 주시기를 요구하지 않았다. 그는 주님이 자기와 함께 가서 종의 손을 잡고 일으켜 주시는 등의 육체적인 수고를 굳이 하지 않으셔도, 당신께서 고쳐 주기로 마음만 잡수신다면 그 마음만으로도 고쳐 주실 수 있는 분이라고 확실히 믿었다. 한편, 그는 지금까지 살아오면서 인간이 주님 앞에 나서서 정당하게 자기를 내세울 만한 존재가 아니라는 것을 잘 알기에 고백한다. "주님, 저는 주님을 제 지붕 아래로 모실 자격이 없습니다. 그저 한 말씀만 해 주십시오. 그러면 제 종이 나을 것입니다." (마태 8,8) 그러므로 그의 고백 속에는 고쳐 달라는 청원과 주님께서 자기 종을 고쳐 주실 수 있는 생명의 주인이라는 믿음이 자연스럽게 주님에 대한 의탁이라는 하나의 형태로 통합되어 제시된다.

주님은 이러한 백인대장의 고백을 들으시고 말씀하신다. "**나는 이스라엘의 그 누구에게서도 이런 믿음을 본 일이 없다. 가거라. 네가 믿은 대로 될 것이다.**"(마태 8,10ㄴ.13ㄱ)

우리가 백인대장처럼 주님께 의탁할 때, 우리는 주님을 우리의 영혼과 삶의 진정한 주인으로 모시게 된다. 여기, 생의 순간순간을 통해 주님께 의탁하는 한 영혼의 기도를 살펴보자.

주님,
주님은 제가 당신께 저를 바치겠다고 처음 결심했을 때,
제게 행복을 안겨 주셨습니다.
훗날 그때의 저를 보셨던 어머님이 말씀해 주셨던 것같이

그때 저는 가장 편안했고 행복했습니다.
그 행복은 인간이 주님과 함께할 때 얻을 수 있다던
바로 그 행복이었습니다.
저는 그 행복을 주님께로부터 받았습니다.

주님,
그 후로 많은 시간이 흘렀습니다.
제겐 많은 일들이 있었습니다.
그러나 주님께는 단 한 가지 일만 있었습니다.
주님의 일은 바로 저를 향한 주님의 사랑 그 한 가지였습니다.

주님,
주님께서 저의 매 순간 모든 자리에 함께해 주셨음을
저는 압니다.
제가 양이고자 했을 때 주님은 저의 목자가 돼 주셨습니다.
제가 주님께 다가서려고 했을 때 주님은 저를 끌어 주셨습니다.
제가 주님을 알고자 했을 때 주님은 저를 깨우쳐 주셨습니다.
제가 주님을 뵈옵고자 했을 때
주님은 저에게 당신을 드러내셨습니다.
제가 주님을 느끼고자 했을 때 주님은 저를 안아 주셨습니다.
제가 주님께 저를 바쳤을 때 주님은 당신 자신을 주셨습니다.
제가 주님의 교리를 가르칠 때 주님의 지혜를 주셨습니다.
제가 주님의 미사를 드릴 때 주님의 생명을 주셨습니다.

제가 주님의 성사를 집전할 때 주님의 권능을 주셨습니다.
제가 환자를 방문할 때 주님은 기적을 베풀어 주셨습니다.
제가 사람들 앞에 섰을 때 주님은 제 입을 열어
당신을 찬미할 수 있도록 해 주셨습니다.
제가 곤경 중에 있을 때 주님은 제 편을 들어 주셨습니다.
제가 악에게 시달리고 있을 때 주님은 저 대신 싸워 주셨습니다.
제가 분노와 갈등으로 밤을 지새울 때
주님은 휴식을 주셨습니다.
제가 혼자 있을 때 주님은 저를 위로해 주셨습니다.
제가 고독할 때 주님은 천사를 보내 주셨습니다.
제가 텅 비고 허전한 가슴으로 먹을 것을 찾아 헤맬 때
주님은 말씀으로 배불려 주셨습니다.
제가 목말라할 때 주님은 성체성사로 적셔 주셨습니다.
제가 실수했을 때 주님은 못 본 체해 주셨습니다.
제가 피곤에 지쳤을 때 주님은 저 대신 일해 주셨습니다.
제가 잘못했을 때 주님은 채워 주셨습니다.
제가 유혹 중에 있을 때
주님은 안쓰러워 어쩔 줄 몰라 하셨습니다.
제가 유혹에 걸려 넘어졌을 때 주님은 다시 일으켜 주셨습니다.
제가 다시 죄를 지었을 때 주님은 저와 함께 아파하셨습니다.
제가 거듭 죄를 지어 수치심과 죄책감으로 시달리고 있을 때
주님은 저를 불러 주셨습니다.
제가 죄의 무게에 짓눌려 절망했을 때

주님은 저에게 생기를 주셨습니다.
제가 주님 곁을 떠나 도망치고 싶을 때
주님은 성령의 힘으로 저를 휘감아
저도 모르는 새에 다시 주님 앞에 앉아 있도록 해 주셨습니다.

이렇게 주님은 제가 다시 주님 사랑의 빛 속으로 나오도록
저를 용서해 주시고
저를 끌어내 주시고
이 모든 일들을 제가 겪도록 하심으로써
저를 거룩하게 만들어 주고 계십니다.
이 모든 제 생애의 순간순간들이 그리고 제 삶의 모든 역사가
주님의 오묘한 섭리 안에 이루어지고 있다는 것을 알기에
오늘 주님 앞에 다가와서 청합니다.
주님이 제게 베풀어 주신 모든 은혜와
주님이 저와 함께해 주셨던
모든 순간들을 기억하며 청합니다.
말씀으로 저를 일러 주시고
성체성사로 먹여 주시는
주님 앞에 서서 청합니다.
주님, 저를 받아 주소서.

저는 주님밖에 매달릴 분이 없어서 당신께 부르짖습니다.
저는 제가 바라는 것을 세상 그 어느 것으로도

대신할 수 없다는 것을 알기에 주님께 청합니다.
저는 제가 바라는 것을 주실 수 있는 분이
주님뿐이라는 사실을 너무나 잘 알기에 주님께 청합니다.
저는 주님이 하고자만 하시면
저에게 당신을 주실 수 있다는 것을 믿기에 주님께 청합니다.
제가 주님의 일을 할 때 주님의 사랑 안에 있게 되고
그 사랑 안에 있을 때 가장 행복하다는 것을 살아왔기 때문에
주님께 청합니다.
주님, 저를 복음의 사도로 써 주소서.

제 가슴속에 꺼지지 않는 불을 지펴 주시어
주님을 사랑하게 해 주소서.
언제나 주님께 다가와 주님을 모실 수 있도록
저를 불러 주소서.
주님은 제 영혼의 주인이십니다.
주님, 제게 오셔서 당신이 원하시는 일을 하소서.
아멘.

응답

- 주님과 어떻게 생을 나누고 있습니까?
- 여러분 생애의 역사 안에서 주님과의 관계를 기억해 보십시오.

16

 주님과 함께 가서
복음을 전합시다

파견

† **주님과 함께 가서 복음을 전합시다.**
 미사가 끝났으니 가서 복음을 전합시다.
◎ 하느님, 감사합니다.

느낌

어떤 사람들은 이렇게 말합니다.
"미사를 마치고 나면 다 잊어버려요."
"미사는 의무로 당연히 바치면 되는 거고, 난 현실에서 열심히 돈 벌며 살면 되는 것 아닌가요? 그럼 다 아니에요? 그럼 하느님께서 은총을 내려 주시겠죠?"

또 어떤 사람들은 이렇게도 말합니다.

"미사에 참례하여 들은 말씀이, 그날이나 그 주간에 실천해야 할 의무 사항처럼 다가와요. 마치 미사 때 '앞으로 이런 일이 있을 테니까 이렇게 해라.' 하고 미리 준비해 주시는 것 같아요."

"미사에 참례하고 나면 정말 좋아요. 의무를 다했다는 심리적인 만족 이상으로 편안해요. 그리고 다시 살 수 있을 것 같아요. 때로 지옥같이 느껴지는 현실로 다시 돌아갈 수 있을 것 같아요."

나는

- 왜 미사에 참례합니까?
- 미사에 참례하고 나면 뭐가 달라집니까?

말씀

제자들에게 나타나시어 사명을 부여하시다(마태 28,16-20)

[28장]

¹⁶ 열한 제자는 갈릴래아로 떠나 예수님께서 분부하신 산으로 갔다. ¹⁷ 그들은 예수님을 뵙고 엎드려 경배하였다. 그러나 더러는 의심하였다. ¹⁸ 예수님께서는 그들에게 다가가 이르셨다. "나는 하늘과

땅의 모든 권한을 받았다. [19] 그러므로 너희는 가서 모든 민족들을 제자로 삼아, 아버지와 아들과 성령의 이름으로 세례를 주고, [20] 내가 너희에게 명령한 모든 것을 가르쳐 지키게 하여라. 보라, 내가 세상 끝 날까지 언제나 너희와 함께 있겠다."

새김

세상 사람들이 다 그렇듯이 나 하나 먹고 사는, 거기에 인생의 기쁨과 희망과 의미를 두려는, 달리 말해 좀 더 나은 현세적인 삶을 위해 신자가 된 것은 아니다. 주님은 나를 하늘나라를 건설하는 데 참여하라고 부르셨고, 우리는 그러한 주님의 부르심에 응답한 것이다. "그들이 주님께 예배를 드리며 단식하고 있을 때에 성령께서 이르셨다. '내가 일을 맡기려고 바르나바와 사울을 불렀으니, 나를 위하여 그 일을 하게 그 사람들을 따로 세워라.'"(사도 13,2) 미사가 끝났다. 이제 무엇을 할 것인가? 주님은 나를 세상 사람들 가운데 따로 부르셔서 무슨 일을 맡기셨는가? 그 일을 시작해야 하지 않겠는가?

주님께서는 승천하시면서 사도들에게 이렇게 말씀하셨다. "나는 하늘과 땅의 모든 권한을 받았다. 그러므로 너희는 가서 모든 민족들을 제자로 삼아, 아버지와 아들과 성령의 이름으로 세례를 주고, 내가 너희에게 명령한 모든 것을 가르쳐 지키게 하여라. 보라, 내가

세상 끝 날까지 언제나 너희와 함께 있겠다."(마태 28,18-20)

그래서 사도들은 성령을 받은 후 대담하고 열정적으로 복음을 선포하였다. "예수님은 하느님의 아들이시며, 우리 죄를 대신 짊어지시고 십자가에서 죽으심으로써 우리를 구원하셨을 뿐만 아니라, 그분은 부활하셔서 우리의 구세주로 하느님 오른편에 앉아 계시며, 마지막 날 우리를 구하러 다시 오실 것이다." 이 복음을 믿고 사람들은 세례를 받아 교회를 이루고 하느님의 자녀가 되었다.

그런데 사람들은 자신들의 사회 체제와 지배 체제를 유지하기 위하여 종교를 이용한다. 그래서 기존 종교와 사상에서 정치적인 권위와 권력에 절대권을 부여하여 사회를 통치하고 질서를 유지하고자 한다. 그러나 그리스도인들은 체제 유지를 위한 종교적 처신을 배척함으로써 박해를 받기 시작하였다. 또 다른 한편으로는 그리스도인들이 인간 평등이라는 기치 아래 사랑의 희생 봉사를 함으로써, 이해관계에 얽혀 있는 사람들로부터 질투와 시기를 당해 박해를 받기도 하였다.

그러나 신자들은 "**사람들이 나 때문에 너희를 모욕하고 박해하며, 너희를 거슬러 거짓으로 온갖 사악한 말을 하면, 너희는 행복하다! 기뻐하고 즐거워하여라. 너희가 하늘에서 받을 상이 크다. 사실 너희에 앞서 예언자들도 그렇게 박해를 받았다.**"(마태 5,11-12) 하신 주님의 말씀 그대로 박해를 받아들여 순교하기까지 이른 것이다. 교우들은 주님의 말씀대로 순교하면 주님처럼 하늘나라에 올라 영생을 누리는 것이요, 부활하리라는 확신 속에서 기꺼이 죽음을 선택했다. 이들을 붉은 순교자라고도 한다. 한편 순교는 못했더라도 313년 콘스탄티누스 1세의 밀라노 칙령으로 신앙의 자유를 얻기까지 로마의 지하 무덤(카타콤)에서 신앙생활을 하며 생애를 마친 이들도 있었다. 이들을 푸른 순교자라고도 한다. 그러므로 순교는 주님이 "성경에 기록된 대로, 그리스도는 고난을 겪고 사흘 만에 죽은 이들 가운데에서 다시 살아나야 한다. 그리고 예루살렘에서부터 시작하여, 죄의 용서를 위한 회개가 그의 이름으로 모든 민족들에게 선포되어야 한다. 너희는 이 일의 증인이다."(루카 24,46-48)라고 말씀하신 바로 그대로 증거하는 것이다.

한편, 박해 시기가 끝나자 순교에 이르는 박해가 없어지게 되었다. 이젠 신앙을 가졌다는 이유로 공개 처형될 수는 없었다. 그러자 교회는 전보다 더 활발히 주님의 말씀을 가르치고, 그 가르침을 진지하고 철두철미하게 살고자 노력했으며, 그러한 노력은 수도 생활이라는 형태로 발전되었다. 그래서 이런 수도자들을 흰 순교자라고도 했다. 수도자들은 인류를 구원하라는 하느님의 말씀에 순명하여 목숨을 바치신 예수님의 뒤를 따라 교회에 순명하고, 가난한 사람들을 구원하기 위해 하느님의 권능을 포기하시고 인간과 똑같은 조건으로 오신 주님처럼 자신의 모든 것을 가난한 이들에게 나누어 주고 그들처럼 가난하게 살았으며, 모든 유혹을 물리치시고 아버지의 뜻과 아버지의 나라만을 순수하게 택하시며 그것을 이루기 위해 헌신하신 주님처럼 온전히 주님의 말씀과 주님의 교회만을 택함으로써 정결을 살고자 했다.

그런데 문명과 사회의식이 발달해 가면서 사람들은 점점 하느님을 찬미하고 섬기기보다 현세적이고 물질적인 안위를 택하는 경우가 많아졌다. 그래서 점점 빈부의 격차가 심해지고 자신의 이익과 이해를 위해 서로를 적대시하게 되어 결국 전쟁까지 이르게 되었다. 이러한 사회의 변화 속에서 교회는 참으로 신자들을 세상에서 끌어내어 교회에서 거룩하게 살도록 하기보다는 사회 자체를 복음의 하느님 나라로 바꾸는 데 노력을 기울이게 되었다. 곧 복음을 증거하고, 복음을 이루며 사는 데 헌신하게 된 것이다. 그러므로 이러한 신앙생활을 양심의 순교자, 말씀의 증거자로 부르게 되었다. 평소에 이렇게 복음을 사는 양심의 순교자들이 마지막 날 붉은 순교자도 될 수 있었으리라.

우리는 특별히 103위 순교 성인들의 후손이다. 우리의 신앙 선조들은 피로 자신의 신앙을 증거해 왔다. 그러한 피의 밭 위에서 한국 천주교회는 자라났고, 오늘 우리 사회에 우뚝 서게 되었다. 오늘 우리는 어찌해야 할까? 우리는 후손들에게 어떤 교회를 물려줄 것인가? 우리는 선조들의 순교 신앙을 오늘 우리의 삶 속으로 되살려 내야겠다. 이 사회에서 우리의 신앙이 가르치는 바와 어긋나고 반대되는 관습과 사상을 그리스도교적인 가치관으로 받아들여 변화시키면서 주님의 나라를 이 땅에 심고 가꾸어 나가야겠다.

1993년 서울대교구장 김수환 추기경은 '2000년대를 향한 교회의 복음화 운동'을 시작하면서 '1993년 서울대교구 사목교서'를 통해, 주님께서 우리에게 명하신 복음화를 현대 세계에 맞추어 재확인한 교황 바오로 6세의 「현대의 복음 선교」 17-19항을 인용하여 복음화에 대해 강조했다. "**17. 교회의 복음화 활동에서 각별히 유의하여야**

할 요소와 국면들이 있습니다. 그 가운데 어떠한 것들은 매우 중요하여 단순히 그것들만 복음화 활동으로 간주하려는 경향이 있을 수 있습니다. 그리하여 그리스도를 모르는 사람들에게 그리스도를 선포하고, 설교하고, 교리를 가르치고, 세례성사와 다른 성사들을 베푸는 것을 복음화라고 규정하려 하였을 수 있습니다. 그러나 복음화의 풍부하고 복잡하고 역동적인 참모습을 부분적으로나 단편적으로 규정하려 하는 것은 복음화의 의미를 빈약하게 하고 나아가 왜곡할 위험이 있습니다. 복음화의 모든 본질적 요소를 고려하지 않으면 복음화의 개념을 파악할 수 없습니다. … 18. 교회는 복음화가 인류의 모든 계층에까지 기쁜 소식을 전해 주며, '보라, 내가 모든 것을 새롭게 만든다.'고 하신 것과 같이 복음의 힘으로 인류를 내부로부터 변화시켜 새롭게 하는 것이라고 생각합니다. 그러나 무엇보다도 세례를 받고 또 복음에 따라 사는 삶으로 새로워진 새사람이 없다면 새 인류는 없을 것입니다. 그러기에 복음화의 목적은 바로 이러한 내적 변화이며, 한마디로 표현하여, 교회가 복음화한다는 말은, 교회가 자신이 선포하는 메시지의 거룩한 힘을 통하여 모든 개인과 집단의 양심, 그들의 활동, 그들의 삶과 구체적인 환경을 변화시키고자 노력하는 것이라고 할 수 있으며, 이것이 복음화를 설명하는 가장 알맞은 표현일 것입니다. 19. 인간의 모든 차원이 변화하여야 합니다. 교회로 볼 때 이는 단순히 지리적으로 더욱 넓은 지역이나 더욱 많은 사람에게 복음을 선포하는 것만이 아니라, 하느님의 말씀과 구원 계획에 상반되는 인간의 판단 기준, 가치관, 관심 사항, 사고방식, 영감의 원천, 생활양식 등에 복음의 힘으로 영향을 미쳐 그것들을 변화시키고 바로잡는 것이기도 합니다."

지금까지 우리는 미사 전례에 대해서 살펴보았다. 미사를 드리는 것은 주님을 복음으로 받아들이고 주님과 일치하고자 하는 것이요, 주님을 통해 생명을 얻고자 함이다. 그리고 무엇보다도 우리가 주님의 복음을 이 세상에 선포하고 이루고자 함이라는 사실을 기억해야겠다. 미사는 바로 이 파견을 위한 것이다. 하늘나라를 건설하고 완성시키도록 파견하기 위해! 또한 그 파견을 기꺼이 받아들임으로써, 우리는 비로소 참된 우리가 될 수 있다는 사실을 기억한다. 그러므로 하느님께서 창조 때에 만들어 주신 그 행복과 구원의 모습으로 살기 위하여, 우리는 우리 자신을 세상에 성체로 봉헌한다.

이 글을 마치며, 인간을 만드시고 구원하시는 아버지 하느님께서 우리에게 보내 주신 주님의 사랑을 기억하며, 그분의 뜻을 기리고 이루고자 한다. 그러면 그분은 우리 안에 살아 숨 쉴 수 있을 것이며 영광스럽게 드러나실 것이다. 그런 의미에서 다시 한 번 주님 구원의 신비를 되새기며 마치고자 한다.

주님,
주님께서는 저희에게 당신 자신을 주셨습니다.
하느님 사랑으로 오신 예수님,
하느님 말씀으로 오신 예수님,
하느님 사랑의 말씀을 이루어 십자가상 제사를 바치신 예수님,

부활하셔서 저희의 구세주가 되신 주님,
감사드릴 뿐입니다.

성모님 품에 안겨 오늘 저희 앞에 와 계시니 감사합니다.
성모님 품에 안겨 계신 주님.
가난한 시골 처녀 마리아에게 당신 생명을 맡길 정도로
저희 인간을 신임하고 계신 주님을 느낍니다.
주님의 그 사랑 가득한 확신과 아량에 그저 감사드릴 뿐입니다.
성모님 품에 다시 안겨 지상 생애를 마감하신 주님.
주님을 알아듣지 못하고 믿지 못해 죽이기까지 한 저희들에게
주님을 오늘 다시 맡기시니 송구스러울 뿐입니다.

자칫 말 많고 실수하기 쉬운 저희의 입에
주님의 진리를,
자칫 위선적이고 나약해져 그르치기 쉬운 저희의 행동에
주님의 사랑을,
자칫 무책임하고 배반하기 잘하는 저희의 삶에
주님의 생명을 맡겨 주셨으니
주님의 무한하심과 어지심에 감탄할 뿐입니다.

부족하면서도 무엇이든 다 할 수 있는 양
오만을 피우는 저희를,
나밖에 모르면서도 모든 이에게 도움이라도 되는 양

자기 정당성만을 외치는 저희를,
내 생각만이 진리인 양
외쳐 대는 저희를,
내 행동만이 옳은 양
하느님인 체하는 저희를 믿고
당신 자신과 주님의 나라를 맡기셨으니
저희를 향한 주님의 끊임없는 신뢰와 관대하심에
감격할 뿐입니다.

주님, 제 입술을 열어 주소서.
저, 당신의 찬미를 전하오리다.
주님, 제 발걸음을 인도하소서.
저, 당신의 길을 펼치리이다.
주님, 제 눈을 뜨게 하소서.
저, 당신의 진리와 영광을 반사하리이다.
주님, 제게 임하옵소서.
저, 당신의 나라를 이루리이다.

성모님 품에 안겨 계신 예수님,
저희를 신뢰하고 계신 주님.
성모님 손에 들리신 예수님,
저희를 의지하고 계신 주님.
성모님 품에 안겨 생을 마감하신 예수님,

저희를 위안 삼아 기대하고 계신 주님.
주님께서는 저희를 고아로 내버려 두지 않으시고
성령을 보내 주셨습니다.
그 성령에 힘입어 주님께 청합니다.
저희가 주님의 말씀을 듣게 하소서.
저희가 주님의 말씀을 깨닫게 하소서.
저희가 주님의 말씀을 받아들이게 하소서.
저희가 주님의 말씀을 믿게 하소서.
저희가 주님의 말씀에 희망을 걸게 하소서.
저희가 주님의 말씀을 생명의 양식으로 삼게 하소서.
저희가 주님의 말씀이 진리임을 고백하게 하소서.
저희가 주님의 말씀을 따라 살게 하소서.
저희가 주님의 말씀을 전하게 하소서.
저희가 주님의 말씀을 이루게 하소서.
그리하여 저희가 이 땅에서 주님의 성체가 되게 하소서.

응답

- 미사 후에 무엇을 하겠습니까?
- 주님께서 무엇을 어떻게 하라고 이르셨습니까?

부록 1

미사통상문

✾ 시작 예식 ✾

입당

† 성부와 성자와 성령의 이름으로.
◎ 아멘.

인사

㉮

† 사랑을 베푸시는 하느님 아버지와
　은총을 내리시는 우리 주 예수 그리스도와
　일치를 이루시는 성령께서 여러분과 함께.
◎ 또한 사제와 함께.

㉯

† 은총과 평화를 내리시는 하느님 아버지와
　주 예수 그리스도께서 여러분과 함께.
◎ 우리 주 예수 그리스도의 아버지 하느님, 찬미받으소서.

㉰

† 주님께서 여러분과 함께.

◎ 또한 사제와 함께.

　　주교는 아래와 같이 인사할 수 있다.

† 평화가 여러분과 함께.

　　위령 미사에서는 아래와 같이 인사할 수 있다.

㉱

† 믿는 이들에게 희망과 평화를 가득히 내리시는
하느님께서 여러분과 함께.

◎ 또한 사제와 함께.

　　사제는 그날 미사의 뜻을 짤막하게 풀이할 수 있다.

참회

㉮

† 형제 여러분, 구원의 신비를 합당하게 거행하기 위하여
우리 죄를 반성합시다.

잠시 침묵한 다음, 함께 죄를 고백한다.

† 전능하신 하느님과
◎ 형제들에게 고백하오니 생각과 말과 행위로
　죄를 많이 지었으며 자주 의무를 소홀히 하였나이다.
　가슴을 치며
　제 탓이요, 제 탓이요, 저의 큰 탓이옵니다.
　그러므로 간절히 바라오니 평생 동정이신 성모 마리아와
　모든 천사와 성인과 형제들은
　저를 위하여 하느님께 빌어 주소서.

　사제는 사죄경을 외운다.

† 전능하신 하느님, 저희에게 자비를 베푸시어
　죄를 용서하시고 영원한 생명으로 이끌어 주소서.
◎ 아멘.

㉯
† 형제 여러분, 구원의 신비를 합당하게 거행하기 위하여
　우리 죄를 반성합시다.

　잠시 침묵한 다음, 사제는 기도한다.

† 주님, 저희를 불쌍히 여기소서.
◎ 저희는 주님께 죄를 지었나이다.
† 주님, 저희에게 자비를 베푸소서.
◎ 또한 저희를 구원하여 주소서.

사제는 사죄경을 외운다.

† 전능하신 하느님, 저희에게 자비를 베푸시어
죄를 용서하시고 영원한 생명으로 이끌어 주소서.
◎ 아멘.

㉰
† 형제 여러분, 구원의 신비를 합당하게 거행하기 위하여
우리 죄를 반성합시다.

잠시 침묵한 뒤, 사제나 부제가 자비송과 함께 청원 기도를 드린다.
이 청원 기도는 그날의 전례나 축일에 맞게 바꿀 수 있다.

† 진심으로 뉘우치는 사람을 용서하러 오신 주님,
자비를 베푸소서.
◎ 주님, 자비를 베푸소서.
† 죄인을 부르러 오신 그리스도님, 자비를 베푸소서.
◎ 그리스도님, 자비를 베푸소서.

† 성부 오른편에 중개자로 계신 주님, 자비를 베푸소서.
◎ 주님, 자비를 베푸소서.

사제는 사죄경을 외운다.

† 전능하신 하느님, 저희에게 자비를 베푸시어 죄를 용서하시고 영원한 생명으로 이끌어 주소서.
◎ 아멘.

주일 미사에서는 참회 예식 대신에 성수 예식을 할 수 있다.

자비송

앞의 참회 예식에서 ㉯ 형식을 바치지 않았으면 이때 바친다.

† 주님, 자비를 베푸소서.
◎ 주님, 자비를 베푸소서.
† 그리스도님, 자비를 베푸소서.
◎ 그리스도님, 자비를 베푸소서.
† 주님, 자비를 베푸소서.
◎ 주님, 자비를 베푸소서.

대영광송

대림 시기와 사순 시기를 제외한 모든 주일, 대축일, 축일 및 지역의 성대한 축제에서는 서서 대영광송을 합송 또는 교송으로 노래하거나 외운다.

† 하늘 높은 데서는 하느님께 영광
○ 땅에서는 주님께서 사랑하시는 사람들에게 평화.
● 주 하느님, 하늘의 임금님
○ 전능하신 아버지 하느님
● 주님을 기리나이다, 찬미하나이다.
○ 주님을 흠숭하나이다, 찬양하나이다.
● 주님 영광 크시오니 감사하나이다.
○ 외아들 주 예수 그리스도님
● 주 하느님, 성부의 아드님
○ 하느님의 어린양
● 세상의 죄를 없애시는 주님, 저희에게 자비를 베푸소서.
○ 세상의 죄를 없애시는 주님, 저희의 기도를 들어주소서.
● 성부 오른편에 앉아 계신 주님, 저희에게 자비를 베푸소서.
○ 홀로 거룩하시고, 홀로 주님이시며,
   홀로 높으신 예수 그리스도님
◎ 성령과 함께 아버지 하느님의 영광 안에 계시나이다. 아멘.

본기도

† 기도합시다.

사제와 교우들은 잠깐 묵묵히 기도한다.

이어서 사제는 팔을 벌리고 기도한다.

본기도는 아래와 같이 맺는다.

† … 비나이다.

또는

… 다스리시나이다.

◎ 아멘.

✸ 말씀 전례 ✸

제1독서

이어서 독서자는 독서대로 가서 성경을 봉독한다.

† 주님의 말씀입니다.
◎ 하느님, 감사합니다.

화답송

선창자는 시편을 읊거나 노래하며,
교우들은 후렴으로 응답한다.

제2독서

제2독서가 있을 경우에는 제1독서의 순서를 따른다.

복음 환호송

알렐루야 또는 다른 성가를 따른다. 사순 시기에는 알렐루야 대신 아래의 환호송 가운데 하나를 부를 수 있다.

◎ ㉮ 그리스도님, 찬미와 영광 받으소서.
　㉯ 말씀이신 그리스도님, 찬미받으소서.
　㉰ 길이요 진리요 생명이신 그리스도님, 찬미받으소서.

향을 피울 경우에는 그동안에 향을 준비한다. 복음을 봉독할 부제는 주례 앞에 나아가 고개를 숙이고 조용히 축복을 청한다.

✽ 축복하여 주십시오.

주례는 조용히 말한다.

† 주님께서 그대와 함께 계시어
　그대가 복음을 합당하고 충실하게 선포하기를 빕니다.
　성부와 † 성자와 성령의 이름으로.

부제는 대답한다.

✽ 아멘.

부제가 없으면, 사제가 제대 앞에 나아가 고개를 숙이고 조용히 말한다.

† 전능하신 하느님, 제 마음과 입을 깨끗하게 하시어
합당하게 주님의 복음을 선포하게 하소서.

복음

그 다음에 부제나 사제는 (때로는 향로와 촛불을 든 봉사자들과 함께)
독서대로 가서 말한다.

† 주님께서 여러분과 함께.
◎ 또한 사제(부제)와 함께.
† (   )가 전한 거룩한 복음입니다.

이때 사제(부제)는 복음서와 이마, 입술, 가슴에 십자를 긋는다.

◎ 주님, 영광 받으소서.

향을 피울 경우에는 이때 피우고 복음을 선포한다.
복음이 끝나면 부제나 사제는 말한다.

† 주님의 말씀입니다.
◎ 그리스도님, 찬미합니다.

이어서 독서자는 복음서에 절하면서 속으로 말한다.

✝ 이 복음의 말씀으로 저희 죄를 씻어 주소서.

강론

강론은 그날 전례와 독서에 바탕을 두어야 한다.

신앙고백

주일과 대축일 및 지역의 성대한 축제에는 아래의 신앙고백을 한다.

✝ 한 분이신 하느님을
◎ 저는 믿나이다.
전능하신 아버지,
하늘과 땅과 유형무형한 만물의 창조주를 믿나이다.
또한 한 분이신 주 예수 그리스도, 하느님의 외아들
영원으로부터 성부에게서 나신 분을 믿나이다.
하느님에게서 나신 하느님, 빛에서 나신 빛
참 하느님에게서 나신 참 하느님으로서,
창조되지 않고 나시어

성부와 한 본체로서 만물을 창조하셨음을 믿나이다.
성자께서는 저희 인간을 위하여, 저희 구원을 위하여
하늘에서 내려오셨음을 믿나이다.

<small>밑줄 부분에서 모두 고개를 깊이 숙인다.</small>

<u>또한 성령으로 인하여 동정 마리아에게서 육신을 취하시어
사람이 되셨음을 믿나이다.</u>
본시오 빌라도 통치 아래서 저희를 위하여
십자가에 못 박혀 수난하고 묻히셨으며
성서 말씀대로 사흗날에 부활하시어
하늘에 올라 성부 오른편에 앉아 계심을 믿나이다.
그분께서는 산 이와 죽은 이를 심판하러
영광 속에 다시 오시리니
그분의 나라는 끝이 없으리이다.
또한 주님이시며 생명을 주시는 성령을 믿나이다.
성령께서는 성부와 성자에게서 발하시고
성부와 성자와 더불어 영광과 흠숭을 받으시며
예언자들을 통하여 말씀하셨나이다.
하나이고 거룩하고 보편되며
사도로부터 이어 오는 교회를 믿나이다.
죄를 씻는 유일한 세례를 믿으며
죽은 이들의 부활과 내세의 삶을 기다리나이다.
아멘.

때에 따라서 사도신경을 외울 수도 있다.

† 전능하신 천주 성부
◎ 천지의 창조주를 저는 믿나이다.
그 외아들 우리 주 예수 그리스도님

밑줄 부분에서 모두 고개를 깊이 숙인다.

<u>성령으로 인하여 동정 마리아께 잉태되어 나시고</u>
본시오 빌라도 통치 아래서 고난을 받으시고
십자가에 못 박혀 돌아가시고 묻히셨으며
저승에 가시어 사흘날에 죽은 이들 가운데서 부활하시고
하늘에 올라 전능하신 천주 성부 오른편에 앉으시며
그리로부터 산 이와 죽은 이를 심판하러 오시리라 믿나이다.
성령을 믿으며
거룩하고 보편된 교회와 모든 성인의 통공을 믿으며
죄의 용서와 육신의 부활을 믿으며
영원한 삶을 믿나이다.
아멘.

보편 지향 기도

보편 지향 기도는 로마 미사 경본 총지침 45-47항의 규정을 따른다.
보편 지향 기도는 (1)교회, (2)위정자와 세상 구원, (3)도움이 필요한 이들. (4)지역 공동체를 위하여 한다. 지향에 대한 응답은 아래와 같은 환호나 그 밖의 적절한 구절 또는 침묵으로도 할 수 있다.

㉮ 주님, 저희의 기도를 들어주소서.
㉯ 주님, 사랑을 베풀어 주소서.
㉰ 주님, 이 백성을 기억하소서.

위령 미사의 경우

㉱ 생명이요 부활이신 주님, 자비를 베푸소서.

✼ 성찬 전례 ✼

예물 준비

제대와 예물 준비

예물 준비가 시작되면 알맞은 성가를 부를 수 있다. 그동안 봉사자들은 성체포, 성작 수건, 성작 및 미사 전례서를 제대에 놓는다.

교우들은 미사 거행에 필요한 빵과 포도주 그리고 가난한 이들을 돕고 교회를 운영하는 데 필요한 예물도 바치는 것이 좋다.

예물 준비 기도

사제는 제대에 가서 빵이 담긴 성반을 조금 들어 올리고 기도한다.

† 온 누리의 주 하느님, 찬미받으소서.
  주님의 너그러우신 은혜로 저희가 땅을 일구어 얻은
  이 빵을 주님께 바치오니 생명의 양식이 되게 하소서.

◎ 하느님, 길이 찬미받으소서.

부제나 사제는 포도주가 담긴 성작에 물을 조금 따르면서 조용히 기도한다.
사제는 성작을 조금 들어 올리고 기도한다.

† 온 누리의 주 하느님, 찬미받으소서.
주님의 너그러우신 은혜로 저희가 포도를 가꾸어 얻은
이 술을 주님께 바치오니 구원의 음료가 되게 하소서.
◎ 하느님, 길이 찬미받으소서.

사제는 허리를 굽히고 조용히 기도한다.
이어서 사제는 제대 한쪽으로 가서 손을 씻으며 조용히 기도한다.

† 형제 여러분, 우리가 바치는 이 제사를
전능하신 하느님 아버지께서 기꺼이 받아 주시도록
기도합시다.
◎ 사제의 손으로 바치는 이 제사가 주님의 이름에는
찬미와 영광이 되고 저희와 온 교회에는 도움이 되게 하소서.

예물 기도

† … 비나이다.

　또는

　… 다스리시나이다.

◎ 아멘.

✸ 감사기도 제2양식 ✸

감사송

† 주님께서 여러분과 함께.
◎ 또한 사제와 함께.
† 마음을 드높이.
◎ 주님께 올립니다.
† 우리 주 하느님께 감사합시다.
◎ 마땅하고 옳은 일입니다.

† 거룩하신 아버지,
　사랑하시는 성자 예수 그리스도를 통하여
　언제나 어디서나 아버지께 감사함이
　참으로 마땅하고 옳은 일이며
　저희 도리요 구원의 길이옵니다.
　아버지께서는 말씀이신 그리스도를 통하여
　모든 것을 창조하시고
　그분을 저희에게 구세주로 보내셨으니
　그분께서는 성령으로 인하여

동정 마리아에게서 사람으로 태어나셨나이다.
성자께서는 아버지의 뜻을 이루시고자
십자가에서 팔을 벌려 백성을 아버지께 모아들이셨으며
죽음을 이기고 부활하셨나이다.
그러므로 저희는 모든 천사와 성인과 함께
아버지의 영광을 찬양하나이다.

거룩하시도다

◎ 거룩하시도다! 거룩하시도다! 거룩하시도다!
온 누리의 주 하느님!
하늘과 땅에 가득 찬 그 영광! 높은 데서 호산나!
주님의 이름으로 오시는 분, 찬미받으소서. 높은 데서 호산나!

주례는 감사기도 가운데 공동 집전 미사의 노래 부분은 언제라도 노래할 수 있다.

† 거룩하신 아버지, 아버지께서는 모든 거룩함의 샘이시옵니다.
간구하오니 성령의 힘으로 이 예물을 거룩하게 하시어
우리 주 예수 그리스도의 몸과 † 피가 되게 하소서.
스스로 원하신 수난이 다가오자 예수께서는

빵을 들고 감사를 드리신 다음 쪼개어
제자들에게 주시며 말씀하셨나이다.

너희는 모두 이것을 받아먹어라.
이는 너희를 위하여 내어 줄 내 몸이다.

저녁을 잡수시고 같은 모양으로
잔을 들어 다시 감사를 드리신 다음
제자들에게 주시며 말씀하셨나이다.

너희는 모두 이것을 받아 마셔라.
이는 새롭고 영원한 계약을 맺는 내 피의 잔이니
죄를 사하여 주려고 너희와 모든 이를 위하여 흘릴 피다.
너희는 나를 기억하여 이를 행하여라.

† 신앙의 신비여!
◎ ㉮ 주님께서 오실 때까지 주님의 죽음을 전하며
　　부활을 선포하나이다.
　㉯ 주님께서 오실 때까지 이 빵을 먹고 이 잔을 마실 적마다
　　주님의 죽음을 전하나이다.
　㉰ 십자가와 부활로 저희를 구원하신 주님,
　　길이 영광 받으소서.

기념과 봉헌

† 아버지, 저희는 그리스도의 죽음과 부활을 기념하며
생명의 빵과 구원의 잔을 봉헌하나이다.
또한 저희가 아버지 앞에 나아와 봉사하게 하시니
감사하나이다.

성령 청원 : 일치 기원

간절히 청하오니
저희가 그리스도의 몸과 피를 받아 모시어
성령으로 모두 한 몸을 이루게 하소서.

전구

주님, 온 세상에 널리 퍼져 있는 교회를 생각하시어
교황 (   )와 저희 주교 (   )와 모든 성직자와 더불어
사랑의 교회를 이루게 하소서.

위령 미사에서는 아래의 기도를 덧붙일 수 있다.

(오늘) 이 세상에서 불러 가신 교우 (　)를 생각하소서.
그는 세례를 통하여 성자의 죽음에 동참하였으니
그 부활도 함께 누리게 하소서.

† 부활의 희망 속에 고이 잠든 교우들과
세상을 떠난 다른 이들도 모두 생각하시어
그들이 주님의 빛나는 얼굴을 뵈옵게 하소서.
저희에게도 자비를 베푸시어
영원으로부터 주님의 사랑을 받는
하느님의 어머니 복되신 동정 마리아와 복된 사도들과
모든 성인과 함께 영원한 삶을 누리며
성자 예수 그리스도를 통하여 아버지를 찬양하게 하소서.

마침 영광송

† 그리스도를 통하여 그리스도와 함께 그리스도 안에서
성령으로 하나 되어
전능하신 천주 성부 모든 영예와 영광을 영원히 받으소서.
◎ 아멘.

✻ 영성체 예식 ✻

주님의 기도

† 하느님의 자녀 되어, 구세주의 분부대로 삼가 아뢰오니

◎ 하늘에 계신 우리 아버지,

아버지의 이름이 거룩히 빛나시며

아버지의 나라가 오시며

아버지의 뜻이 하늘에서와 같이 땅에서도 이루어지소서!

오늘 저희에게 일용할 양식을 주시고

저희에게 잘못한 이를 저희가 용서하오니

저희 죄를 용서하시고

저희를 유혹에 빠지지 않게 하시고 악에서 구하소서.

† 주님, 저희를 모든 악에서 구하시고 한평생 평화롭게 하소서.

주님의 자비로 저희를 언제나 죄에서 구원하시고

모든 시련에서 보호하시어 복된 희망을 품고

구세주 예수 그리스도의 재림을 기다리게 하소서.

◎ 주님께 나라와 권능과 영광이 영원히 있나이다.

평화 예식

† 주 예수 그리스도님
  일찍이 사도들에게 말씀하시기를
  "너희에게 평화를 두고 가며 내 평화를 주노라." 하셨으니
  저희 죄를 헤아리지 마시고 교회의 믿음을 보시어
  주님의 뜻대로 교회를 평화롭게 하시고 하나 되게 하소서.
  주님께서는 영원히 살아 계시며 다스리시나이다.
◎ 아멘.

† 주님의 평화가 항상 여러분과 함께.
◎ 또한 사제와 함께.
† 평화의 인사를 나누십시오.
◎ 평화를 빕니다.

빵 나눔

사제는 축성된 빵을 들어 성반에서 쪼개어 그 작은 조각을 성작 안에 넣으며 조용히 기도한다.

하느님의 어린양

◎ 하느님의 어린양, 세상의 죄를 없애시는 주님
자비를 베푸소서.
하느님의 어린양, 세상의 죄를 없애시는 주님
자비를 베푸소서.
하느님의 어린양, 세상의 죄를 없애시는 주님
평화를 주소서.

† 하느님의 어린양, 세상의 죄를 없애시는 분이시니,
이 성찬에 초대받은 이는 복되도다.
◎ 주님, 제 안에 주님을 모시기에 합당치 않사오나
한 말씀만 하소서. 제가 곧 나으리이다.

성찬

† 그리스도의 몸.
◎ 아멘.

영찬 후 기도

† 기도합시다.

† … 비나이다.

   또는

   … 다스리시나이다.

◎ 아멘.

✼ 마침 예식 ✼

강복

† 주님께서 여러분과 함께.
◎ 또한 사제와 함께.
† 전능하신 천주 성부와 † 성자와 성령께서는
 여기 모인 모든 이에게 강복하소서.
◎ 아멘.

파견

† ㉮ 주님과 함께 가서 복음을 전합시다.
 ㉯ 주님과 함께 가서 복음을 실천합시다.
 ㉰ 가서 그리스도의 평화를 나눕시다.
 ㉱ 미사가 끝났으니 가서 복음을 전합시다.
 ㉲ 주님을 찬미합시다.
◎ 하느님, 감사합니다.

부록 2

성경 찾아보기

창세기

4,9ㄴ.10ㄴ; 네 아우의 피가 땅바닥에서 나에게 울부짖고 있다.
11과 133쪽

22,1-18; 아브라함이 이사악을 제물로 바치다. 5과 68쪽

탈출기

3,7-8.14ㄴ.15ㅁ; '있는 나께서 나를 너희에게 보내셨다.' 하여라.
11과 137쪽

13,21-22; 주님께서 낮에는 구름 기둥 속에서 길을 인도하시고, 밤에는 불기둥 속에서 그들을 비추심. 11과 134쪽

14,21-22; 주님께서는 밤새도록 거센 샛바람으로 바닷물을 밀어내시어, 바다를 마른 땅으로 만드셨다. 11과 134쪽

19,4-6.8; 너희는 나에게 사제들의 나라가 되고 거룩한 민족이 될 것이다. 11과 135쪽

열왕기 상권

17,1; 예언자 엘리야 시대의 가뭄. 5과 70쪽

17,12; 밀가루 한 줌과 병에 기름이 조금 있을 뿐인 과부. 5과 73쪽

17,15; 가진 것을 다 바친 여자와 엘리야와 그 여자의 집안은 오랫동안 먹을 것이 있었다. 5과 73쪽

18,1; '바알' 신에게 기우제를 드려도 3년이나 비가 안 옴. 5과 70쪽

18,21; 주님과 바알 중 선택하라는 엘리야의 촉구. 5과 71쪽

18,31-35; 인간적으로는 불가능한 조건의 제단과 제물을 준비시킴. 5과 71쪽

18,37; 응답하소서. 이 백성이 주님께서 하느님이심을 깨닫게. 5과 71쪽

18,45; 큰 비가 내림. 5과 72쪽

역대기 하권

24,22ㄷ; 주님께서 보고 갚으실 것이다. 11과 134쪽

시편

31,6; 제 목숨을 당신 손에 맡기니 주 진실하신 하느님, 당신께서 저를 구원하시리이다(공동번역 31,5; 진실하신 하느님, 야훼여, 이 목숨 당신 손에 맡기오니 건져 주소서). 8과 106쪽

90,3-5; 당신께서 그들을 쓸어 내시면 그들은 아침잠과도 같고 사라져 가는 풀과도 같습니다. 11과 131쪽

113,4-7; 억눌린 이를 먼지에서 일으켜 세우시고 불쌍한 이를 거름에서 들어 올리시는 분. 11과 134쪽

127,1; 주님께서 집을 지어 주지 않으시면 그 짓는 이들의 수고가 헛되리라. 11과 131쪽

잠언

30,4; 누가 하늘에 올라갔다 내려왔느냐? 11과 133쪽

지혜서

12,17ㄴ; 당신의 완전한 권능이 불신을 받을 때에만 당신께서는 힘을 드러내시고. 12과 151쪽

12,18; 무엇이든지 원하시는 때에 하실 능력이 있으십니다. 12과 151쪽

12,19ㄴ; 지은 죄에 대하여 회개할 기회를 주신다는 희망을 당신의 자녀들에게 안겨 주심. 12과 151쪽

집회서

28,2-7; 네 이웃의 불의를 용서하여라. 그러면 네가 간청할 때 네 죄도 없어지리라. 8과 110쪽

이사야서

52,13-53,12; '주님의 종'의 넷째 노래. 14과 167쪽

55,1-3; 와서 돈 없이 값 없이 술과 젖을 사라. 7과 99쪽

63,19; 아, 당신께서 하늘을 찢고 내려오신다면! 당신 앞에서 산들이 뒤흔들리리이다. 11과 134쪽

호세아서

11,8-9; 내가 어찌 너를 내버리겠느냐? 12과 151쪽

마태오 복음서

1,21.23ㄴ; 임마누엘은 번역하면 '하느님께서 우리와 함께 계시다.'는 뜻이다. 11과 135쪽

2,2; 구세주가 오시기를 별의 움직임을 바라보며 기다리던 동방 박사들. 4과 60쪽

4,1-4; 배고픔을 빵으로 채우라는 유혹을 받으신 예수. 6과 86쪽

4.4; 하느님의 입에서 나오는 모든 말씀으로 산다. 12과 147쪽

5,3; 행복하여라, 마음이 가난한 사람들! 하늘나라가 그들의 것이다. 4과 60쪽, 11과 138쪽

5,10; 의로움 때문에 박해를 받는 사람. 11과 138쪽

5,11-12; 사람들이 나 때문에 모욕과 박해를 받으면 너희는 행복하다. 하늘에서 받을 상이 크다. 16과 186쪽

5,19; 스스로 지키고 또 그렇게 가르치는 이는 하늘나라에서 큰 사람이라고 불릴 것이다. 11과 139쪽

5,20; 율법 학자들과 바리사이들의 의로움을 능가해야. 11과 139쪽

6,8; 청하기도 전에 무엇이 필요한지 알고 계신다. 11과 131쪽

6,9-13; 주님의 기도. 11과 130쪽, 12과 146쪽

6,12.14-15; 너희가 다른 사람들을 용서하지 않으면, 아버지께서도 너희의 허물을 용서하지 않으실 것이다. 8과 110쪽

6,31-33; 하느님의 나라와 그분의 의로움을 찾아라. 7과 96쪽, 11과 133쪽

7,21; 하늘에 계신 내 아버지의 뜻을 실행하는 이라야. 11과 139쪽

8,5-13; 백인대장의 병든 종을 고치시다. 15과 176쪽

10,6; 이스라엘 집안의 길 잃은 양들에게 가라. 4과 60쪽

10,28; 육신은 죽여도 영혼은 죽이지 못하는 자들을 두려워하지 마라. 7과 98쪽

10,39; 제 목숨을 잃는 사람은 목숨을 얻을 것이다. 10과 125쪽

11,28-30; 모두 나에게 오너라. 내가 너희에게 안식을 주겠다. 7과 99쪽

13,21; 주님의 말씀을 듣고 잘 깨닫는 사람. 11과 138쪽

13,30ㄱ; 수확 때까지 둘 다 함께 자라도록 내버려 두어라. 12과 151쪽

13,44; 밭에 있는 보물을 얻기 위해 있는 것을 다 팔아 그 밭을 사듯이. 11과 138쪽

14,15; 스스로 먹을거리를 사게 하십시오. 5과 75쪽

14,30-31; 이 믿음이 약한 자야, 왜 의심하였느냐? 4과 63쪽

15,21-22; 저에게 자비를 베풀어 주십시오. 2과 40쪽

15,23ㄱ; 예수님께서는 한마디도 대답하지 않으셨다. 2과 41쪽

15,23ㄴ; 저 여자를 돌려보내십시오. 우리 뒤에서 소리 지르고 있습니다. 2과 41쪽

15,24; 나는 오직 이스라엘 집안의 길 잃은 양들에게 파견되었을 뿐이다. 2과 41쪽

15,25; 예수님께 와 엎드려 절하며 "주님, 저를 도와주십시오." 하고 청하였다. 2과 41쪽

15,26; 자녀들의 빵을 집어 강아지들에게 던져 주는 것은 좋지 않다. 2과 42쪽

15,27; 주님, 그렇습니다. 그러나 강아지들도 주인의 상에서 떨어지는 부스러기는 먹습니다. 2과 42쪽

15,28; 아, 여인아! 네 믿음이 참으로 크구나. 2과 42쪽

15,32; 저 군중이 가엾구나. 벌써 사흘 동안이나 내 곁에 머물렀는데 먹을 것이 없으니 말이다. 10과 123쪽

18,19-20; 함께 기도하면 아버지께서 들어주신다.
1과 34쪽, 13과 161쪽

18,21; 몇 번이나 용서해 주어야 합니까? 13과 163쪽

18,22; 일곱 번이 아니라 일흔일곱 번까지라도 용서해야 한다.
13과 164쪽

19,29; 내 이름 때문에 집, 형제자매, 부모, 자녀, 토지를 버린 사람은 백배로, 영원한 생명도 받을 것. 7과 99쪽

24,23.26; "보라, 그리스도께서 여기 계시다!", 또는 "아니, 여기 계시다!" 하더라도 믿지 마라. 11과 138쪽

26,28; 이는 죄를 용서해 주려고 많은 사람을 위하여 흘리는 내 계약의 피다. 8과 107쪽

26,42; 아버지의 뜻이 이루어지게 하십시오. 10과 125쪽

28,5-6; 십자가에 못 박히신 예수님을 찾는 줄을 나는 안다.
10과 124쪽

28,16-20; 제자들에게 나타나시어 사명을 부여하시다. 16과 184쪽

28,18; 하늘과 땅의 모든 권한을 받았다. 10과 124쪽

28,20; 내가 세상 끝 날까지 언제나 너희와 함께 있겠다.
4과 64쪽

마르코 복음서

2,17; 나는 의인이 아니라 죄인을 부르러 왔다. 4과 60쪽

4,26-27; 싹이 터서 자라는데, 그 사람은 어떻게 그리되는지 모른다. 도움의 말 8쪽

4,31-32; 세상의 어떤 씨앗보다도 작다. 그러나 자라나서 하늘의 새들이 그 그늘에. 11과 139쪽

9,37; 내 이름으로 받아들이면 나를 받아들이는 것이다. 1과 34쪽

10,15; 어린이와 같이 하느님의 나라를 받아들이지 않는 자는 결코 그곳에 들어가지 못한다. 11과 138쪽

10,21-22; 가진 것을 팔아 가난한 이들에게 주고 나서 나를 따라라. 4과 62쪽

14,24; 이는 많은 사람을 위하여 흘리는 내 계약의 피다. 8과 107쪽

14,36; 제가 원하는 것을 하지 마시고 아버지께서 원하시는 것을 하십시오. 4과 63쪽, 10과 125쪽

루카 복음서

1,31-32; 아기 이름을 예수라 하여라. 그분께서는 지극히 높으신 분의 아드님. 11과 135쪽

1,38; 말씀하신 대로 저에게 이루어지기를 바랍니다. 4과 64쪽

1,43.45; 행복하십니다. 주님께서 하신 말씀이 이루어지리라고 믿으신 분! 4과 64쪽

1,49ㄱ.55ㄴ; 전능하신 분께서 나에게 큰일을 하셨기 때문입니다. 4과 59쪽

1,50-53; 주님을 경외하는 이들에게 자비를 베푸시는 하느님. 4과 61쪽

2,8-20; 천사가 목자들에게 예수님의 탄생을 알리다. 목자들이 예수님을 뵙다. 3과 48쪽

2,8; 밤새워 일하는 목동들. 4과 59쪽

4,16-22; 나자렛에서 희년을 선포하시다. 4과 57쪽

5,1-11; 고기잡이 기적-어부들을 제자로 부르시다. 2과 43쪽

5,10ㄴ; 두려워하지 마라. 이제부터 너는 사람을 낚을 것이다. 4과 64쪽

6,20-21.24-26; 행복하여라, 가난한 사람들! 하느님의 나라가 너희 것이다. 4과 61쪽

9,23-24; 나 때문에 자기 목숨을 잃는 그 사람은 목숨을 구할 것이다. 10과 123쪽

9,27; 죽기 전에 하느님의 나라가 올 것. 11과 140쪽

9,60; 죽은 이들의 장사는 죽은 이들이 지내도록 내버려 두고. 11과 139쪽

9,62; 쟁기에 손을 대고 뒤를 돌아보는 자. 7과 98쪽, 11과 139쪽

10,41ㄴ-42ㄱ; 그러나 필요한 것은 한 가지뿐이다. 7과 99쪽

11,1; 저희에게도 기도하는 것을 가르쳐 주십시오. 11과 132쪽

11,20; 이미 와 있는 하느님 나라. 11과 140쪽

11,28; 하느님의 말씀을 듣고 지키는 이들이 오히려 행복하다. 4과 62쪽

12,32; 아버지께서는 하늘나라를 너희에게 기꺼이 주기로 하셨다. 11과 139쪽

13,21; 누룩의 비유. 11과 139쪽

17,21; 하느님의 나라는 너희 가운데에 있다. 11과 138쪽

18,9-14; 바리사이와 세리의 비유. 2과 44쪽

18,35-43; 예리코에서 눈먼 이를 고치시다. 2과 39쪽

19,7-9; "주님! 제 재산의 반을 가난한 이들에게 주겠습니다." "오늘 이 집에 구원이 내렸다." 4과 61쪽

19,10; 사람의 아들은 잃은 이들을 찾아 구원하러 왔다. 4과 60쪽

22,20; 이 잔은 너희를 위하여 흘리는 내 피로 맺는 새 계약이다. 8과 107쪽

22,42; 아버지의 뜻이 이루어지게 하십시오. 5과 73쪽, 8과 106쪽, 10과 125쪽, 11과 133쪽

23,33-49; 십자가에 못 박히신 예수. 8과 102쪽, 11과 133쪽

23,34ㄱ; 아버지, 저들을 용서해 주십시오. 5과 74쪽, 11과 133쪽, 13과 163쪽

24,13-35; 엠마오로 가는 두 제자에게 나타나시다. **머리말 16쪽**

24,36-49; 제자들에게 나타나시어 사명을 부여하시다. 10과 120쪽

24,46-48; 죄의 용서를 위한 회개가 그의 이름으로 모든 민족들

에게 선포되어야 한다. 10과 127쪽, 16과 187쪽

요한 복음서

1,14; 말씀이 사람이 되시어 우리 가운데 사셨다. 4과 60쪽

1,29ㄴ; 보라, 세상의 죄를 없애시는 하느님의 어린양이시다. 14과 171쪽

1,33-34; 성령으로 세례를 주시는 분이다. 14과 171쪽

3,3; 누구든지 위로부터 태어나지 않으면 하느님의 나라를 볼 수 없다. 10과 125쪽, 11과 138쪽

3,14; 모세가 광야에서 뱀을 들어 올린 것처럼, 사람의 아들도 들어 올려져야 한다. 14과 173쪽

3,15-16; 믿는 사람은 누구나 사람의 아들 안에서 영원한 생명을 얻게 하려는 것이다. 14과 174쪽

3,16-17; 하느님은 세상을 사랑하셔서 아들을 통하여 구원하시고자. 7과 96쪽

4,32.34; 내 양식은 나를 보내신 분의 뜻을 실천하고, 그분의 일을 완수하는 것이다. 12과 148쪽

6,7; 조금씩이라도 받아먹게 하자면 이백 데나리온어치 빵으로도 충분하지 않겠습니다. 5과 75쪽

6,9.11.13; 여기 보리빵 다섯 개와 물고기 두 마리. 5과 75쪽

6,11; 예수님께서는 빵을 손에 들고 감사를 드리신 다음 나누어

주셨다. 6과 87쪽

6,13; 보리빵 다섯 개를 먹고 남긴 조각으로 열두 광주리가 가득 찼다. 10과 122쪽

6,26-40.47-59.66-69; 생명의 빵. 7과 90쪽

6,33; 하느님의 빵은 하늘에서 내려와 세상에 생명을 주는 빵이다. 7과 97쪽

6,35.57; 내가 생명의 빵이다. 4과 65쪽, 7과 97쪽, 12과 148·149쪽

6,38-40; 나를 보내신 분의 뜻인 모든 이를 살리는 일. 7과 97쪽, 12과 148쪽

6,54-57; 내 살을 먹고 내 피를 마시는 사람은 영원한 생명을 얻을 것. 10과 123쪽

6,57-58; 이 빵을 먹는 사람은 영원히 살 것. 12과 149쪽

6,68; 영원한 생명의 말씀. 12과 147쪽

6,68-69; 주님, 저희가 누구에게 가겠습니까? 4과 65쪽

8,31-32; 너희가 내 말 안에 머무르면, 참으로 나의 제자가 되고 진리를 깨닫게 될 것. 4과 63쪽

9,39.41; 지금 너희가 "우리는 잘 본다." 하고 있으니, 너희 죄는 그대로 남아 있다. 4과 63쪽

10,17-18; 내가 스스로 목숨을 내놓는 것이다. 8과 106쪽

10,27-28; 내 양들은 내 목소리를 알아듣고 나를 따른다. 4과 62쪽

10,30; 아버지와 나는 하나다. 4과 62쪽

11,25-26; 나는 부활이요 생명이다. 10과 124쪽

11,41ㄴ-43; 라자로를 다시 살리시다. 6과 87쪽

12,3; 향유를 가져와서 예수님의 발에 붓고 자기 머리카락으로 그 발을 닦아 드렸다. 5과 72쪽

12,4-5; 향유를 삼백 데나리온에 팔아 가난한 이들에게 나누어 주지 않는가? 5과 72쪽

12,6; 그는 돈주머니를 맡고 있으면서 거기에 든 돈을 가로채곤 하였다. 5과 72쪽

12,49-50; 아버지께서 나에게 말씀하신 그대로 하는 말이다. 4과 58쪽

12,50; 영원한 생명을 주시는 주님. 4과 59쪽

14,6; 길이요, 진리요, 생명이신 주님. 4과 60쪽

14,6; 나를 통하지 않고서는 아무도 아버지께 갈 수 없다. 4과 62쪽

14,9ㄷ; 나를 본 사람은 곧 아버지를 뵌 것이다. 4과 62쪽

14,14; 주님의 이름으로 청하면 다 이루어 주겠다. 1과 34쪽

14,15; 너희가 나를 사랑하면 내 계명을 지킬 것이다. 4과 64쪽

14,20; 내가 아버지 안에 있고 또 너희가 내 안에 있으며 내가 너희 안에. 13과 162쪽

14,23; 나를 사랑하면 내 말을 지킬 것이다. 그에게 가서 그와 함께 살 것이다. 4과 64쪽

14,16.26; 보호자 성령은 내가 말한 모든 것을 기억하게 해 주실 것이다. 4과 65쪽

14,27; 나는 너희에게 평화를 남기고 간다. 13과 160쪽

16,9.13; 나를 믿지 않은 것이 죄. 진리를 온전히 깨닫게 될 것이다. 4과 62쪽

17,1-26; 대사제의 기도. 6과 78쪽

17,17-19; 진리로 거룩해지게 하려는 것입니다. 10과 126쪽

19,14; 그날은 파스카 축제 준비일이었고 때는 낮 열두 시쯤이었다. 14과 172쪽

20,19-29; 제자들에게 나타나시어 사명을 부여하신 예수님. 13과 159쪽

20,21; 아버지께서 나를 보내신 것처럼 나도 너희를 보낸다. 13과 162쪽

20,22-23; 너희가 누구의 죄든지 용서해 주면 그가 용서를 받을 것이고. 13과 163쪽

20,27; 의심을 버리고 믿어라. 13과 164쪽

20,28; 저의 주님, 저의 하느님! 4과 61쪽

20,31; 복음서를 쓴 목적. 4과 66쪽

21,15; 요한의 아들 시몬아, 너는 이들이 나를 사랑하는 것보다 더 나를 사랑하느냐? 10과 127쪽

사도행전

2,43-47; 첫 신자 공동체의 생활. 9과 117쪽

8,26-40(32-33); '주님의 종'을 예수와 연관시켜 설명. 14과 172쪽

13,2; 나를 위하여 그 일을 하게 그 사람들을 따로 세워라.
16과 185쪽

로마 신자들에게 보낸 서간

1,7; 하느님 우리 아버지와 주 예수 그리스도에게서 은총과 평화가 여러분에게 내리기를 빕니다. 1과 34쪽

5,6; 그리스도께서는 정해진 때에 불경한 자들을 위하여 돌아가셨습니다. 14과 172쪽

5,12; 한 사람을 통하여 죄가 세상에 들어왔고 죄를 통하여 죽음이 들어와, 모두 죄짓고 죽게 됨. 14과 169쪽

7,15–17.21; 내가 바라는 것이 아니라 싫어하는 것을 하는 이유는 내 안에 자리 잡고 있는 죄 때문입니다. 12과 153쪽

7,25; 우리 주 예수 그리스도를 통하여 나를 구해 주신다.
12과 153쪽

8,20ㄱ; 피조물이 허무의 지배 아래 든 것은 자의가 아니라 그렇게 하신 분의 뜻. 12과 153쪽

8,20ㄴ; 그것은 희망을 간직하고 있습니다. 12과 153쪽

8,23–26.28; 성령께서 우리를 대신하여 간구해 주시고 선을 이루심. 12과 155쪽

8,25; 보이지 않는 것을 희망하기에 인내심을 가지고 기다립니다. 11과 140쪽

8,26-27; 성령께서 하느님의 뜻에 따라 성도들을 위하여 간구해 주십니다. 13과 164쪽

12,14.17-21; 악에 굴복당하지 말고 선으로 악을 굴복시키십시오. 8과 109쪽

14,17; 성령 안에서 누리는 의로움과 평화와 기쁨의 하늘나라. 11과 139쪽

코린토 신자들에게 보낸 첫째 서간

1,22-25; 하느님의 어리석음이 사람보다 더 지혜롭다. 10과 126쪽

1,31; 자랑하려는 자는 주님 안에서 자랑하라. 10과 126쪽

4,20; 하느님 나라는 말이 아니라 힘에 있기 때문입니다. 11과 139쪽

6,9-10; 하느님 나라에 들어가지 못하는 이. 11과 139쪽

11,23-26; 주님의 만찬. 9과 113쪽

11,24; 나를 기억하여 이를 행하여라. 9과 114쪽

11,26; 주님께서 오실 때까지, 여러분은 이 빵을 먹고 이 잔을 마실 적마다 주님의 죽음을 전하는 것입니다. 9과 114쪽

13,11; 어른이 되어서는 아이 적의 것들을 그만두었습니다. 7과 93쪽

13,11-12; 나도 온전히 알게 될 것입니다. 머리말 24쪽

15,50; 살과 피는 하느님의 나라를 물려받지 못하고. 11과 139쪽

코린토 신자들에게 보낸 둘째 서간

5,2; 하늘 거처를 옷처럼 덧입기를 갈망하면서 탄식함. 12과 147쪽
8,9; 그분께서는 부유하시면서도 여러분이 부유하게 되도록 가난하게 되심. 3과 51쪽

갈라티아 신자들에게 보낸 서간

4,6; 영께서 "아빠! 아버지!" 하고 외치고 계심. 11과 135쪽
5,19-21; 육을 따라 삶. 12과 153쪽
5,22-23; 영을 따라 삶. 12과 153쪽

에페소 신자들에게 보낸 서간

5,5; 하느님 나라에 들어가지 못하는 이. 11과 139쪽

필리피 신자들에게 보낸 서간

2,6-7; 그리스도 예수님께서는 자신을 비우시어 종의 모습을 취하셨다. 3과 51쪽

콜로새 신자들에게 보낸 서간

1,24ㄴ; 그리스도의 환난에서 모자란 부분을 그분의 몸인 교회를 위하여 내 육신으로 채움. **14과 173쪽**

티모테오에게 보낸 둘째 서간

1,1-2; 하느님 아버지와 우리 주 그리스도 예수님에게서 은총과 자비와 평화가 내리기를. **1과 34쪽**

3,15-17; 성경은 전부 하느님의 영감으로 쓰인 것. **4과 65쪽**

4,18; 모든 악행에서 구출하시고, 하늘에 있는 당신 나라에 들어갈 수 있게. **11과 139쪽**

히브리인들에게 보낸 서간

5,7-10; 고난을 겪으심으로써 순종을 배우심. **3과 52쪽**

11,3; 보이는 것이 보이지 않는 것에서 나왔음을 깨닫습니다. **11과 140쪽**

야고보 서간

1,13-14; 사람은 저마다 자기 욕망에 사로잡혀 꼬임에 넘어가 유혹을 받음. 12과 153쪽

2,14-17; 실천이 없는 믿음은 죽은 믿음. 9과 117쪽

베드로의 첫째 서간

1,20; 그리스도께서는 세상 창조 이전에 이미 뽑히심. 14과 172쪽

2,5; 여러분도 살아 있는 돌로서 영적 집을 짓는 데에 쓰이도록 하십시오. 5과 75쪽

2,24-25; 우리 죄를 당신 몸에 지시고 우리를 죄의 권세에서 벗어나게. 14과 172쪽

4,13; 그리스도의 고난에 동참하는 것이니 기뻐하십시오. 14과 172쪽

베드로의 둘째 서간

3,8-9.15; 아무도 멸망하지 않고 모두 회개하기를 바라시기 때문입니다. 8과 109쪽

요한의 첫째 서간

4,7-16; 하느님은 사랑이시다. 1과 29쪽

4,10ㄱ; 우리가 하느님을 사랑한 것이 아니라, 그분께서 우리를 사랑하시어. 6과 83쪽

4,10ㄴ; 하느님께서는 당신의 아드님을 우리 죄를 위한 속죄 제물로 보내 주심. 6과 84쪽

4,13.16; 하느님께서는 영을 나누어 주셔서, 우리가 그분 안에 머무르고, 그분께서 우리 안에 머무르십니다. 6과 86쪽

4,19-20; 눈에 보이는 자기 형제를 사랑하지 않는 사람이 보이지 않는 하느님을 사랑할 수는 없습니다. 6과 86쪽